LE TEMPS A SOI

DÉJA PARUS DANS LA MÊME COLLECTION

1. Sénèque, *La Vie heureuse* (suivi de *La Brièveté de la vie*)
2. Épictète, *Ce qui dépend de nous* (*Manuel* et *Entretiens*)
3. Lucrèce, *La Nature des choses*
4. L'Ecclésiaste, *Un temps pour tout*
5. *Le Cantique des cantiques*
6. *La Bhagavad Gîtâ*
7. Pétrone, *Satiricon*
8. Plutarque, *Erotikos*
9. Marc-Aurèle, *Pensées pour moi-même*
10. Cicéron, *Savoir vieillir* (*Cato Maior, de Senectute*)
11. Cicéron, *L'Amitié* (*Laelius de Amicitia*)
12. Aristote, *Les Grands Livres d'éthique* (*La Grande Morale*)
13. Sénèque, *L'Homme apaisé* (*Colère* et *Clémence*)
14. Plutarque, *La Conscience tranquille* (suivi du *Bavardage*)
15. Juvénal, *La Décadence* (Satires)
16. Sappho, *Le Désir* (*Œuvres complètes*)
17. Sénèque, *Apprendre à vivre* (*Lettres à Lucilius*)
18. César, *La Guerre en Gaule*
19. Quintus Cicéron, *Manuel de campagne électorale*
20. Sénèque, *La Providence* (suivi de *La Constance du Sage*)
21. Cicéron, *Devant la mort* (*Tusculanes I*)
22. Cicéron, *Devant la souffrance* (*Tusculanes II et III*)
23. Cicéron, *Le Bonheur* (*Tusculanes IV et V*)
24. Sénèque, *Apprendre à vivre* (*Tome II*)
25. *Le Livre de Job*
26. Ésope, *Fables*
27. Pline le Jeune, *Le Temps à soi*

Pline le Jeune

LE TEMPS A SOI

Lettres choisies et traduites du latin
par Daniel Stissi

arléa

16, rue de l'Odéon, 75006 Paris

ISSN 1270-9204
ISBN 2-86959-342-2

INTRODUCTION

Le 24 août de l'an 79, le temps s'est arrêté à Pompéi. La région englobant Herculanum et Stabies a été recouverte « d'une cendre épaisse comme une couche de neige ». L'éruption du Vésuve a figé ces maisons et ces rues que le touriste pressé peut aujourd'hui contempler grandeur nature. L'Antiquité romaine in vivo. *On en oublierait presque les corps recroquevillés, pétrifiés par la lave, tout ce qui reste des victimes de l'angoisse et de l'horreur que Pline le Jeune, alors âgé de dix-sept ans, a vécues en compagnie de sa mère, tandis que son oncle mourait, non loin d'eux, étouffé par les émanations de soufre. Récit terrible, le plus émouvant de la correspondance de Pline, revanche de la création littéraire sur le temps réel : les ruines ensevelies ne sont que les vestiges d'une civilisation dont l'âme se trouve dans des écrits.*

Écrits de Pline restés longtemps Lettres mortes, plus souvent disséqués que goûtés avec plaisir, plus souvent étudiés que lus. Les historiens ont trouvé une mine pour leur documentation sur le siècle de Trajan, les critiques et les écrivains les ont quelque peu boudés. Montaigne, qui apprécie le talent de narrateur de Pline, qualifie sa philosophie d'« ostentatrice et parlière ». Les modernes lui reprochent de ne pas être Tacite. Attentes déçues ; mais étaient-elles fondées ? Pline n'est pas un philosophe, il n'a pas l'envergure de Tacite ; doit-on se priver pour autant de ces pages qui ont la douceur des paysages italiens, la clarté d'une source, la force du défi qu'un homme lance à la mort ?

Voici un florilège de la correspondance de Pline le Jeune. Ses lettres sont à peu près tout ce qui nous reste de son œuvre. Plus aucune trace de ses poèmes, sinon quelques citations de ses hendécasyllabes qui ne nous laissent pas imaginer qu'ils furent d'un grand art. Plus rien non plus de ses discours, si ce n'est le fameux Panégyrique *de Trajan, prononcé en l'honneur de l'empereur lors de l'accession de Pline au consulat, en l'an 100, puis remanié, voire récrit par son auteur. Le style obscur et pompeux de ce discours d'apparat ne nous donne pas une image fidèle de l'extraordinaire orateur que fut Pline, capable de passionner sept heures durant la foule venue se masser au tribunal pour l'applaudir.*

Mais les deux cent quarante-sept lettres ont survécu, réparties en neuf livres, que Pline a écrites de 97 à 104, adressées, et sans doute envoyées, à de très nombreux destinataires, parents et amis, pour la plupart inconnus aujourd'hui, ainsi que la correspondance qu'il a échangée avec Trajan, lorsque Pline était gouverneur de Pont-Bithynie (de 111 à 113, date présumée de sa mort) et publiée, avec des lettres antérieures, dans un dixième livre posthume.

Quand il publie les premières lettres, Pline a environ trente-cinq ans et il est déjà un homme en vue dans la société romaine.

Il a presque gravi tous les degrés du cursus honorum. *C'est un avocat célèbre, il est riche. D'origine provinciale, il est né à Côme en 61 ou 62. Très tôt orphelin de père, il a pour tuteur un personnage illustre à l'époque qui aurait pu prendre le pouvoir, s'il l'avait voulu, dans la période de crise (en 68 et 69) qui suivit le règne de Néron : Verginius Rufus. Il est ensuite adopté par son oncle maternel, l'auteur de* l'Histoire naturelle, *Pline l'Ancien, dont il prendra le nom. A l'âge de dix-neuf ans, il plaide à Rome devant les centumvirs, tribunal qui jugeait des affaires privées, et particulièrement de celles d'héritage. C'est un succès.*

Sa carrière sera rapide durant les premières années du règne de Domitien, un peu ralentie par la suite. Disgrâce légère : sans s'opposer de front au tyran, Pline a des sympathies pour le camp stoïcien persécuté par l'empereur, dont quinze ans de règne, de 81 à 96, laisseront au cœur des Romains une blessure profonde. « Mieux vaut oublier ces années que les garder en mémoire. »

Le premier livre des Lettres *paraît après cette période troublée, au moment où les victimes de Domitien passent pour des héros. Le règne de Trajan, après celui très bref de Nerva, inaugure dans l'Histoire l'âge d'or des Antonins. C'est le moment de la stabilité à l'intérieur, de la* Pax romana *dans un empire qui s'étend du Rhin à l'Euphrate, qui aurait pu même aller jusqu'au golfe Persique si Trajan avait su conserver les territoires conquis en Orient après ses victoires contre les Parthes, sur les traces d'Alexandre le Grand.*

Les Lettres *que publie cet homme de la caste sénatoriale, ami de Trajan, sont des lettres d'art. « Écrites avec soin », elles sont destinées à faire le tour de la société littéraire. Aucune spontanéité. La correspondance de Pline n'est que littérature, même si elle a réellement été échangée avec les personnages importants de l'époque et avec ses familiers. Le genre épistolaire n'est pas des moindres dans un monde où l'éloquence a déserté la tribune aux harangues et où la poésie s'est confinée dans les salons. Les tribunaux et les salles de lectures publiques sont les lieux privilégiés de la culture, ils attirent les foules. Les intellectuels affectionnent en outre les repas entre amis choisis où l'on parle littérature.*

Pline appartient au même cercle littéraire que Tacite, son ami, l'auteur des Annales *et des* Histoires, *Suétone, à qui l'on doit les* Vies des douze Césars *et Martial, le poète des* Épigrammes. *Avec Tacite, de quelques années son aîné, il a des rapports de familiarité. Le ton des lettres qu'il lui adresse est parfois enjoué. Mais il a surtout une grande admiration pour ce géant de la littérature reconnu comme tel de son vivant. Il tire gloire de travailler avec lui sur un pied d'égalité. Il corrige des passages de ses* Histoires *et lui envoie des lettres dont il espère que Tacite retiendra de larges passages dans son œuvre.*

Pline est un lettré, enthousiaste, parfois acerbe, qui critique la vie littéraire de son temps. Ses modèles à lui sont les classiques, et tout particulièrement Cicéron, que son maître Quintilien lui a recommandé d'imiter. Il critique le caractère relâché de l'Art nouveau, trop raffiné, auquel lui-même, pourtant, sacrifie souvent. Il se plaint de la décadence de l'éloquence et stigmatise les « jeunots » qui ne travaillent pas assez, qui payent des figurants pour se faire applaudir en faisant oublier qu'ils n'ont pas de talent. Un mondain, sans doute, mais qui croit fortement aux vertus de la création littéraire. Il a reçu de Pline l'Ancien une volonté et une capacité de travail hors du commun.

Le temps à soi, ce temps que la société laisse à l'individu, où l'on est libre des tâches et des tracas de la vie publique, Pline entend le consacrer à la littérature, qu'il considère comme l'art suprême, capable d'évoquer même les œuvres d'art, villas et statues. Le temps a bien pu les détruire, par la force des mots les formes et les contours en sont encore sous nos yeux. Sculpteur, écrivain, c'est d'ailleurs la même chose : il faut que le travail soit parfait, il faut polir, corriger par la lime, pour conquérir l'immortalité !

Plus qu'à Rome, où il mène à son goût une vie trop prenante, il aime travailler dans le silence et la profondeur de la retraite, notamment dans deux de ses villas. L'été, en Toscane, aux environs de Tifernium Tiberinum (aujourd'hui Città di Castello), l'hiver, au pays des Laurentes, à vingt-cinq kilomètres de Rome, sur la côte, près d'Ostie, la Palombara actuelle. Quelques lettres de ce recueil décrivent avec charme les paysages doucement vallonnés, les sources, les parties de chasse. Humour et douceur de caractère sont du voyage, on se laisse guider, on se prend à oublier que ces textes ont été écrits il y a deux mille ans.

Les lieux permettent à Pline, comme l'écriture, de ne plus se disperser, de se recueillir, de se souvenir de ceux qu'il aime.

Il sait camper des personnages, rendre une atmosphère, des sentiments : l'admiration et l'inquiétude pour son oncle, la douceur pour sa mère qu'il prend par la main pour la sauver, lors de l'éruption du Vésuve, l'amour pour sa femme Calpurnia. Veuf deux fois, il se remaria vers 105 avec cette jeune femme qui le rendit très heureux sinon qu'un incident de santé interdit à Calpurnia toute fécondité. La forme élégiaque des lettres qu'il lui adresse, un peu désuète, n'enlève rien à la force des sentiments. Et, quand elle est malade, la tristesse est en rapport avec l'inquiétude de Pline : peut-être se souvient-il que la maladie a touché déjà son père et son frère. Lui-même est d'ailleurs de constitution fragile.

Les lettres où il évoque la maladie ou la mort des êtres chers ont parfois valeur d'exorcisme, de réconfort de soi-même. Ah ! s'il pouvait atteindre l'idéal impossible des stoïciens, ce détachement cher à Épictète qui a eu le même maître que lui !

Ces êtres qui ont souffert avec dignité ou qui sont morts debout face au tyran, ces héros du passé mythifiés, ces anonymes dont les actes sont d'autant plus beaux qu'ils sont moins connus, on les trouve au centre de récits que Pline relate avec un art de la composition qui n'est pas sans rappeler le genre moderne de la nouvelle.

Le stoïcisme de Pline est à visage humain pourtant. Humaniste avant tout, il est imprégné de culture grecque. Les Romains de cette époque parlent grec, pensent grec. La philosophie stoïcienne met le sujet pensant au centre de ses préoccupations et parle d'identité humaine. Pline considère ses esclaves comme des hommes, à l'instar de Sénèque cinquante ans plus tôt. C'est un maître généreux qui s'inquiète de leur santé, qui est accablé par leur mort. Gardons-nous de penser cependant qu'il remet en cause le principe de l'esclavage. Ce serait douter de l'ordre social. Aucun Romain ne conteste aussi profondément le système politique et n'imagine une autre société.

Pline a les idées de son temps. Il sacrifie au culte divin de l'empereur. Il donne comme conseil à un ami qui va prendre le poste de gouverneur d'Achaïe de ne pas oublier que « rien n'est plus en accord avec l'idée de cité que l'ordre et rien n'est plus précieux que la liberté ». Respecter l'ordre et au besoin le faire régner.

Pline est nommé en 111 par Trajan « légat impérial à pouvoir consulaire » en Bithynie (au nord-ouest de l'actuelle Turquie). Il entretient avec l'empereur une correspondance abondante. Il lui rend compte de tout en fonctionnaire scrupuleux. Il fait son rapport sur des détails qui nous paraissent aujourd'hui minimes, comme les rétributions dues aux athlètes. Rien d'étonnant cependant : les affaires du monde entier sont remises à la décision de celui qui le domine. Pouvoir personnel et absolu.

De cette correspondance, deux lettres ont été retenues pour ce recueil, celles consacrées aux poursuites contre les chrétiens. Elles ont suscité beaucoup de commentaires et de contestations : elles ont paru suspectes en raison de l'éloge indirect des chrétiens qu'elles renferment. Les historiens s'accordent aujourd'hui sur leur authenticité.

Outre leur valeur de document, ces lettres nous donnent à réfléchir sur le fonctionnement de l'humaniste au pouvoir face à une religion qui, plus tard, avec Tertullien et Saint-Ambroise, s'est accommodée du stoïcisme. On peut en tout cas en faire cette lecture. Mais ce n'est pas le point de vue de Pline. Le seul problème qu'il se pose concerne la procédure à suivre : faut-il faire une distinction entre les âges, tenir compte des dénonciations anonymes ? Quelle est la nature du crime et de la peine qu'ils encourent ?

En fait, Pline sait que, depuis Néron et Domitien, les chrétiens sont poursuivis à Rome ; que Trajan a légalisé leur persécution en les poursuivant aussi dans les provinces de l'empire pour crime de lèse-majesté puisqu'ils refusent de sacrifier au culte de l'empereur divinisé. Il est significatif que Pline n'exécute que ceux qui, par « leur entêtement ou leur obstination », se posent en rebelles. Il ne voit rien de mal dans leur croyance. Il serait même tolérant pour les idées, comme c'était le cas dans l'Antiquité quand elles restaient inoffensives pour l'ordre public. Après tout, lui-même ne croyait-il pas aux fantômes ?

Pline obtient de Trajan la réponse qu'il souhaitait : claire, nette, pleine de droiture et de clémence. L'humanisme est le même chez les deux hommes. Ses limites sont celles d'un pouvoir qui opprime quelles que soient les intentions de celui qui l'exerce.

Les écrits de Pline sont des témoignages. Il suffit que le lecteur moderne leur donne sens en les tirant de leurs cendres. Hors du Temps !

Daniel Stissi
Février 1991

Les lettres choisies ont été classées par thème. A l'intérieur de chaque partie, l'ordre chronologique de publication a été respecté, c'est-à-dire que nous avons suivi l'ordre des livres de la *Correspondance*.

Les titres sont de notre entière responsabilité.

Toutes les lettres, sauf trois, sont traduites dans leur intégralité.

La traduction s'est efforcée de rendre le texte de Pline dans le français d'aujourd'hui, sans décalquer le latin littéral mais en en respectant le sens.

Nous avons eu à notre disposition, pour travailler sur le texte latin, trois éditions bilingues du texte intégral :

– Éditions les Belles Lettres (Guillaume Budé), quatre volumes. Les trois premiers sont traduits par A.M. Guillemin, le dernier par M. Durry.

– Éditions Garnier (en deux volumes ; le second semble introuvable), traduction de C. Sicard, hélas épuisée !

– Édition anglaise Loeb Classical Library avec une traduction de Betty Radice dont l'esprit est celui qui nous a guidé : rendre vie au texte latin.

PRÉFACE DE PLINE LE JEUNE POUR LE PREMIER LIVRE

à Septicius

Plus d'une fois tu m'as invité à recueillir pour les publier les lettres que j'aurais écrites avec un peu plus de soin. Je les ai recueillies sans suivre l'ordre chronologique (je ne fais pas œuvre d'historien) mais comme elles me venaient sous la main. Espérons que tu n'auras pas à regretter de m'avoir donné ce conseil, ni moi de l'avoir suivi : je rechercherai alors celles que j'ai pour le moment laissées de côté et, si j'en écris d'autres, je ne les détruirai pas.

I

DOMINER LE TEMPS

I

9

à Minicius Fundanus

C'est tout de même étonnant : quand on prend un à un les jours passés à Rome, on fait facilement le compte de leurs instants (ou bien on croit pouvoir le faire) mais quand on en prend plusieurs en bloc, ce n'est plus possible ! Demande donc à quelqu'un : « Qu'as-tu fait aujourd'hui ? » Il va te répondre : « J'ai été à une prise de toge virile [1]» ou « J'ai assisté à des fiançailles ou à des noces ; Untel m'a invité à la fermeture de son testament, Untel à un procès, Untel à un conseil. » Et tout cela était vraiment nécessaire le jour où on l'a fait. Mais quand tu te dis que c'est tous les jours la même chose, cela te paraît

1. Les notes sont en fin de volume, p. 203.

vide, surtout dans la retraite. Cette pensée alors te vient : « Combien de jours passés à des futilités ! »

C'est ce qui se passe pour moi quand je suis dans ma villa des Laurentes, où je lis, j'écris, je m'occupe de mon corps – ce qui tonifie l'esprit. Je n'entends rien que je ne regrette d'avoir entendu, ne dis rien que je ne regrette d'avoir dit. Personne ne tient en ma présence de discours malveillants sur autrui et, de mon côté, je ne blâme personne que moi quand j'ai trop de mal à écrire. Aucune attente, aucune crainte ne me trouble, aucune rumeur ne m'inquiète : mes seuls interlocuteurs, ce sont mes livres et moi-même. Ah, l'existence droite et pure ! Douceur et noblesse de ce temps à soi, plus beau, peut-être, que toute activité ! Mer, rivage, temple des Muses, vrai et solitaire, quel monde vous découvrez ! Que de pensées vous inspirez !

Quitte toi aussi, à la première occasion, ce vacarme, cette agitation vaine, ces travaux dépourvus du moindre intérêt, et donne-toi à l'étude et au repos : comme le dit notre cher Atilius avec tant de profondeur et d'humour, mieux vaut être oisif que ne rien faire !

III

7

à Caninius Rufus

. . . .

Y a-t-il rien de si limité, de si court, que la vie humaine la plus longue ? Il ne te semble pas que Néron c'était hier ? Et pourtant, de tous ceux qui étaient consuls sous son règne, il n'en reste plus aucun ! Et pourquoi m'en étonner ? Naguère, Lucius Pison, le père de ce Pison qui fut tué en Afrique par Valérius Festus dans des conditions abominables[2], répétait qu'il ne voyait plus dans le sénat aucun de ceux dont il avait pris l'avis quand il était consul.

La longévité de la multitude humaine est si bornée que je trouve excusables, pour ne pas dire louables, les larmes versées par le roi des Perses. Car on dit que Xerxès, après avoir parcouru des yeux son immense armée, pleura sur la mort imminente qui guettait tant de milliers d'hommes.

C'est une raison de plus pour que ces instants fragiles et fugaces, nous les prolongions, sinon par des hauts faits (l'occasion ne dépend pas de nous), du moins par nos œuvres littéraires. Puisqu'il ne nous est pas donné de vivre longtemps, laissons témoignage que nous avons vécu. Tu n'as pas besoin, je le sais, d'aiguillon ; mais mon amitié pour toi m'engage à te stimuler, même en plein élan, comme tu le fais toujours pour moi. Belle émulation, quand des amis s'encouragent mutuellement à vouloir l'immortalité !

IV

23

à Pomponius Bassus

J'ai éprouvé un grand plaisir en apprenant par des amis communs que, selon ta sagesse, tu savais aménager et accepter ce temps dont désormais tu disposes en habitant une demeure des plus agréables, en exerçant ton corps sur terre comme sur mer, en t'adonnant à la discussion, aux conférences, à la lecture, et en apprenant tous les jours, bien que ta culture soit immense. C'est ainsi que l'on doit vieillir quand on a rempli les plus hautes magistratures, qu'on a mené des armées, qu'on s'est mis tout entier au service de l'État aussi longtemps qu'il convenait. Car nous devons donner notre jeunesse et notre maturité à la patrie, mais nos dernières années doivent nous appartenir, comme les lois même nous l'indiquent en nous rendant à la vie privée dans notre vieillesse.

Quand me sera-t-il permis, quand mon âge m'autorisera-t-il à imiter le merveilleux exemple de retraite que tu donnes ? Quand donc ce temps qui m'appartient ne sera-t-il plus appelé paresse mais quiétude ?

IV

24

à Fabius Valens

J'ai parlé dernièrement devant les Centumvirs[3], en présence des quatre tribunaux réunis, et il m'est revenu en mémoire un plaidoyer de ma jeunesse prononcé dans les mêmes conditions. Et voilà mon esprit qui se met à vagabonder comme souvent. Je repensais à ceux qui m'avaient secondé dans cette affaire récente et dans l'ancienne. J'étais le seul à avoir parlé dans les deux cas. Tels sont les bouleversements que produisent la fragilité de la condition humaine et l'instabilité du sort ! De ceux qui avaient plaidé jadis, certains sont morts, d'autres en exil. Tel a préféré le silence en raison de son âge et de sa santé, tel est heureux de jouir de sa retraite, tel commande une armée, tel autre a été enlevé aux devoirs du barreau par l'amitié de l'empereur.

Et dans ma vie à moi, que de changements ! La littérature m'a d'abord servi dans ma carrière, puis compromis et, maintenant, me sert de nouveau. L'amitié des honnêtes gens m'a d'abord été utile, puis nuisible, et elle me redevient utile. Si tu comptes les années, le temps est bien court, si tu comptes les revirements du sort, c'est une éternité ! Cela nous engage à ne désespérer de rien, à ne compter sur rien, quand nous voyons tant de changements intervenir dans une révolution si rapide.

J'ai coutume de te faire part de toutes mes pensées, de vouloir te faire profiter des préceptes et des exemples qui m'ont servi : c'est la seule raison de cette lettre.

IX

3

à Paulinus

On peut bien penser différemment mais, pour moi, le comble du bonheur est de profiter d'avance et pleinement d'une bonne et solide réputation et, confiant dans le jugement de la postérité, de vivre dans l'idée de sa gloire à venir. Si je n'avais pas sans cesse à l'esprit de gagner l'immortalité, c'est plutôt un repos profond et complet qui me plairait. Je crois en effet que tous les hommes doivent penser qu'ils ont le choix entre l'immortalité et la condition de mortel. Dans le premier cas, il faut lutter, faire des efforts, dans l'autre, se reposer, se détendre, ne pas se fatiguer pour rien dans sa brève existence, comme je vois beaucoup de gens le faire, qui sont finalement amenés, en fournissant un semblant d'activité pitoyable et peu gratifiant, à avoir une piètre idée d'eux-mêmes.

Je te dis là ce que je me dis tous les jours, pour cesser de le dire si tu étais en désaccord. Mais je doute que tu le sois puisque tu as continuellement à l'esprit de travailler pour la gloire et l'immortalité.

IX

6

à Calvisius

Ces jours qui viennent de s'écouler, je les ai passés dans une paix suave entre mes notes et mes livres. Tu vas me dire : « En ville ? Comment as-tu fait ? » C'étaient les jeux du cirque, genre de spectacle qui ne m'intéresse pas le moins du monde : jamais rien de nouveau, de différent ; quand on en a vu un, on les a tous vus ! Cela m'étonne que tant de milliers d'hommes se passionnent toujours autant, comme des gamins, pour des chevaux qui galopent ou des cochers juchés sur des chars. Si encore ils s'intéressaient à la vitesse des chevaux ou à la technique des cochers, on comprendrait, mais ce sont les tenues qu'ils applaudissent, les tenues qu'ils aiment ; et si, en pleine course, au beau milieu de la compétition, on intervertissait les couleurs entre les cochers, les applaudissements et l'enthousiasme changeraient de camp, et ces fameux conducteurs de chars ou ces chevaux qu'on acclame dès qu'on les aperçoit, plus personne ne s'occuperait d'eux ! Voilà donc la popularité et l'importance que l'on donne à une misérable tunique ! Je ne parle pas de la foule – qui est plus misérable encore que la tunique – mais de certains hommes sérieux. Quand je pense que c'est pour ce spectacle vide de sens, fade, monotone, qu'ils sont collés à leur siège et en redemandent, j'éprouve un certain plaisir à ne pas éprouver celui-là. Et je suis vraiment heureux, ces jours-ci, de consacrer à mes lettres ce temps où l'on n'a rien à faire et que d'autres perdent à s'occuper à des riens.

II

LES LETTRES ET LES ARTS

I

3

à Caninius Rufus

Parle-moi de Côme, que nous aimons tant toi et moi, de la villa des environs, pleine de charme, de ce portique où le printemps est éternel, de l'ombre épaisse des platanes, de ce canal aux eaux vertes, cristallines, de ce lac, à ses pieds, qui les recueille, de cette allée meuble et pourtant ferme sous les pas, de ces bains que le soleil inonde dedans et dehors, de ces salles à manger pour les réceptions ou pour l'intimité, de ces chambres pour la sieste ou pour le sommeil. Ces lieux te retiennent-ils et te possèdent-ils tour à tour ? Ou bien les voyages que tu fais si souvent pour visiter ton domaine t'obligent-ils encore à t'en éloigner ? S'ils te retiennent, tu es heureux et comblé ; sinon, tu es comme tout le monde !

Il est temps de laisser à d'autres les soucis terre à terre et mesquins ! Dans la paix et la profondeur de la retraite, adonne-toi à la littérature. Qu'elle soit le temps que tu donnes aux autres, et ton temps à toi, ton travail et ton repos, tes veilles et même ton sommeil ! Façonne, cisèle une œuvre qui soit à jamais la tienne ! Les biens qui te survivront changeront de maîtres au gré du sort, mais celui-ci, dès qu'il sera vraiment à toi, personne ne pourra te l'enlever.

Je sais à quel esprit, à quelle intelligence je m'adresse. Tâche de t'accorder seulement la valeur que les autres te reconnaîtront : encore faut-il que tu y consentes !

I

6

à Tacite

Tu vas rire, et tu auras raison ! Moi, oui, moi que tu connais, j'ai pris trois sangliers et de toute beauté, je t'assure ! Je t'entends déjà : – Toi-même ? – Moi-même, mais je n'ai pas entièrement renoncé pour autant à ma paresse et à mon repos ! J'étais assis près des filets, et je n'avais à portée de main ni épieu ni dard mais un stylet et des tablettes. Je méditais et prenais des notes dans l'idée de rapporter au moins ces tablettes pleines, si je devais revenir les mains vides ! Ne dédaigne pas cette façon de travailler : tu aurais tort. C'est inouï de voir à quel point la promenade et les mouvements du corps éveillent l'esprit. Et puis les forêts et la solitude qui vous enveloppent, ce merveilleux silence même qu'exige la chasse sont de parfaits aiguillons pour la pensée ! Ainsi, crois-moi, quand tu iras chasser, emporte bien sûr ta panetière et ta gourde, mais surtout n'oublie pas tes tablettes ! Tu verras que Minerve n'erre pas moins que Diane dans les montagnes !

I

13

à Sosius Sénécio

Cette année a donné une belle moisson de poètes ; il ne s'est presque pas écoulé de journées en avril sans quelque lecture publique ! Je me réjouis de voir la littérature fleurir, les talents poindre et s'afficher malgré le peu d'empressement que les auditeurs mettent à se rassembler. La plupart vont s'asseoir à côté, dans les salles de réunion, et passent à la causette le temps qu'ils pourraient réserver à la lecture. De temps en temps, ils demandent si le lecteur est déjà entré, s'il a prononcé l'introduction, s'il a bien avancé dans son ouvrage ; alors seulement ils arrivent, mais toujours avec lenteur, d'un pas hésitant, et encore ils ne restent pas jusqu'au bout, ils s'en vont avant la fin, les uns en cachette, furtivement, les autres franchement et sans vergogne.

Ah, quand je pense aux temps de nos pères ! On raconte que l'empereur Claude, se promenant dans son palais, avait demandé d'où provenaient les acclamations qu'il venait d'entendre ; on lui répondit que c'était Nonianus qui faisait une lecture publique : il y vint alors à l'improviste, à la grande surprise du lecteur. Aujourd'hui, même quand on n'a rien à faire, qu'on est invité de longue date, averti à plusieurs reprises, on ne vient pas, ou alors, si l'on vient, on se plaint d'avoir perdu une journée – qui précisément ne l'a pas été ! Il faut d'autant plus louer et soutenir ceux qui ne sont pas découragés d'écrire ou de lire par l'indolence ou la superbe des auditeurs.

Pour ma part, je n'ai refusé ma présence à presque aucun lecteur. La plupart, il est vrai, étaient des amis, car il n'est personne, ou peu s'en faut, qui n'aime la littérature sans nous aimer aussi. Voilà pourquoi j'ai passé à Rome plus de temps que prévu. Je peux maintenant regagner ma retraite et écrire quelque ouvrage, mais je n'ai pas l'intention de le lire en public. Je ne voudrais pas que ceux dont j'ai entendu les lectures aillent croire que je n'étais leur auditeur que pour me faire payer en retour. Car pour le service d'assister aux lectures, c'est comme pour tout : le droit à la reconnaissance se perd quand on le revendique.

II

3

à Népos

La réputation d'Isée était grande avant son arrivée. Mais il s'est révélé plus grand encore par son aisance, son éloquence, sa richesse ! Il improvise tous ses discours, mais on jurerait qu'il y a travaillé longtemps. Il parle le grec et même le pur attique. Ses préambules sont enlevés, élégants, suaves, parfois même profonds et majestueux. Il demande à l'auditoire de choisir pour lui plusieurs sujets de controverse et souvent même le parti qu'il doit soutenir. Il se lève alors, se drape dans sa toge et commence. Aussitôt tout lui vient et presque en même temps, les idées affluent ainsi que les mots – et les mots les plus recherchés, les plus choisis !

Son improvisation révèle une vaste culture, une grande habitude de l'écrit. L'exorde va droit au but, la narration est claire, l'argumentation percutante, la péroraison pleine de vigueur, l'expression d'une grande noblesse. Bref, il instruit, il charme, il touche et de tout cela on ne saurait dire ce qu'il fait le mieux. Il utilise, à l'envi, analogies et syllogismes, mais si concis, si maîtrisés, qu'on aurait du mal à les égaler par écrit. Ajoute à cela une incroyable mémoire ! Il reprend de très haut un discours improvisé sans faire la moindre erreur. Cette faculté, il l'a acquise à force d'étude et d'exercice. Tout ce qu'il dit, tout ce qu'il entend, tout ce qu'il fait, nuit et jour, ne vise qu'à ce but. A plus de soixante ans, il est resté un homme d'étude. C'est chez ce genre de personnes qu'on rencontre le plus de sincérité, de simplicité, de bonté. Nous autres qui passons notre temps à plaider pour de bon sur le forum, ce que nous apprenons, à notre corps défendant, c'est la cruauté. Tandis que l'école, les salles de lecture et les causes fictives sont choses inoffensives, innocentes. Elles n'en apportent pas moins le bonheur, surtout aux vieilles gens : quelles occupations pourraient les rendre plus heureux que celles qui ont fait les délices de leur jeunesse ? Aussi Isée est-il à mes yeux non seulement le plus éloquent, mais encore le plus comblé de tous les hommes, et si tu n'as pas une envie folle de le connaître, il faut que tu aies un cœur de pierre, ou de fer !

Si tu ne vois pas d'autres bonnes raisons, si tu ne le fais pas pour moi, viens au moins pour l'entendre lui. Rappelle-toi l'histoire de cet habitant de Gadès : il était si impressionné par le renom de Tite-Live qu'il vint du bout du monde pour le voir et ne repartit qu'après l'avoir vu. Il faut n'avoir ni goût pour la beauté, ni culture, ni énergie, ni honneur, dirais-je, pour ne pas apprécier la curiosité la plus agréable, la plus belle, la plus digne enfin d'un homme. Tu vas me dire que, là où tu es, il t'est donné de lire des auteurs tout aussi éloquents. Voire. Tu auras toujours l'occasion de les lire, pas souvent celle de l'entendre. Et puis, comme on dit, ce qui est énoncé de vive voix porte tellement plus. Tu pourras certes lire des choses plus percutantes, mais celles que la diction, le visage, l'attitude, le geste de l'orateur gravent en notre esprit sont ancrées plus profondément, à moins qu'on ne trouve à redire à cette formule d'Eschine qui, après avoir lu aux Rhodiens un discours de Démosthène salué par l'admiration générale, aurait ajouté : « Qu'est-ce que ce serait si vous aviez entendu le monstre en personne ! » Et pourtant, si nous en croyons Démosthène, Eschine avait une sacrée voix ! Il reconnaissait toutefois que ce discours avait été mieux prononcé – et de loin – par son auteur même. Tout cela pour te convaincre d'entendre Isée... ne fût-ce que pour l'avoir entendu !

II

14

à Maximus

Tu es dans le vrai : les causes que je plaide devant les centumvirs me prennent tout mon temps. Elles me donnent plus de peine que de plaisir. La plupart sont minces et insignifiantes : il est bien rare qu'il y en ait une qui présente de l'intérêt par l'importance de l'affaire ou la célébrité des parties en présence. Et rares sont les gens avec qui c'est un plaisir de plaider. Ce sont en général des culottés, pour beaucoup des blancs-becs qui ne viennent là que pour déclamer et avec tant d'irrespect et de prétention que notre cher Atilius a bien raison de dire que les enfants débutent au barreau par les centumvirs comme à l'école par l'étude d'Homère : dans les deux cas, on commence par le plus difficile ! Ma foi, de mon temps, comme disent les anciens, il n'y avait de place aux centumvirs pour un jeune homme que s'il était présenté par un consulaire, même s'il était de la plus noble extraction, tant on avait de respect pour la plus belle des charges. Maintenant qu'on a brisé les barrières de la retenue et du respect, tout s'ouvre à tous : on n'est plus introduit, on fait irruption !

Viennent ensuite les auditeurs ; ils sont comme les orateurs : loués et payés. On entoure le manager de la claque et, en pleine basilique[4], aussi ouvertement que dans une salle à manger, il distribue ses petits paniers[5], et ces gens-là vont d'un procès à un autre pour le même type de salaire. Ce qui leur vaut les surnoms de « crieurs de bravos », en grec, et d'« admirateurs de dîner », en latin, surnoms qui ne manquent pas d'humour mais qui dénoncent dans les deux langues un scandale qui ne fait que croître de jour en jour. Hier, deux de mes assistants (qui ont tout juste l'âge d'avoir pris la toge) se sont laissés entraîner dans cette claque pour trois deniers chacun. Il n'en coûte pas plus pour avoir de l'éloquence : c'est à ce prix qu'on remplit tous les bancs qu'on veut, qu'on s'entoure d'un large public, qu'on soulève des acclamations qui n'en finissent plus au signal du coryphée de service. Car il leur faut un signal : ils ne comprennent rien, ils n'écoutent même pas. Mais à défaut d'écouter, ils applaudissent, pour la plupart, mieux que personne ! Si d'aventure tu passes par la basilique et que tu veuilles savoir la valeur de chaque orateur, tu n'as pas besoin de monter sur l'estrade du tribunal, ni de prêter l'oreille. Il te sera facile de deviner : tu n'as qu'à te dire que l'orateur le plus applaudi est le plus mauvais.

L'inventeur de cette mode est Larcius Licinus... mais lui se limitait aux invitations ! C'est du moins ce que je me rappelle avoir entendu dire à mon maître Quintilien. « J'étais alors, racontait-il, avec Domitius Afer. Il plaidait devant les centumvirs avec l'élocution lente et grave si caractéristique de sa manière, quand il entendit non loin de là des cris extraordinaires, assourdissants. Il se tut, surpris. Quand le silence se fit, il reprit son discours. On cria de nouveau, il s'interrompit encore ; puis, le silence revenu, il recommença de parler. Et ainsi une troisième fois. A la fin, il demanda qui plaidait. On lui répondit : “ C'est Licinus. ” Alors il abandonna sa plaidoirie : “ Centumvirs, dit-il, c'est la mort de notre art ! ” » En fait, Afer croyait cet art déjà mort quand il ne faisait qu'entrer en agonie. Maintenant, il est pratiquement mort et balayé ! J'ai honte de décrire les discours d'aujourd'hui, la mollesse avec laquelle on les prononce, les acclamations puériles qu'ils reçoivent. Il ne manque plus à ces litanies que le battement des mains, ou plutôt les cymbales et les tambourins car, pour les hurlements (je ne vois pas d'autre mot pour qualifier ces clameurs qui seraient indécentes même au théâtre), ils ne manquent pas ! L'intérêt de mes amis et la considération de mon âge m'arrêtent et me retiennent encore. Je crains qu'on ne croie à une fuite devant le travail plutôt qu'à un dégoût de ma part pour ces procédés. Toutefois, je me fais plus rare. C'est le début d'une retraite progressive.

III

6

à Annius Sévérus

Avec l'argent dont j'ai hérité, je viens de m'acheter une statue en bronze de Corinthe, assez petite, il est vrai, mais charmante et expressive – pour autant que je m'y connaisse – car, en ce domaine, comme en tout peut-être, je n'ai pas grande compétence. Pourtant, cette statue, je la sens bien. Elle est nue et ne saurait cacher ses défauts – si elle en a – ni dissimuler ses avantages. Elle représente un vieillard debout : les os, les muscles, les nerfs, les veines, tout, jusqu'aux rides, ressort comme s'il était vivant ; les cheveux sont clairsemés, en arrière, le front large, le visage ramassé, le cou maigre, les muscles mous, les seins tombants, le ventre rentré. Le dos aussi trahit son âge, comme un dos sait le faire. Même le bronze, d'après sa vraie couleur, est vieux et antique. Tous les détails enfin ne peuvent que retenir le regard de l'artiste et charmer celui du profane. C'est ce qui m'a poussé à l'acheter, bien que je ne sois qu'un néophyte. Je n'ai pas l'intention de le garder chez moi (je n'ai d'ailleurs encore jamais eu chez moi de bronze de Corinthe), mais de l'installer dans ma ville natale, en un lieu public, de préférence dans le temple de Jupiter. C'est un présent, il me semble, digne d'un temple et d'un dieu.

Rends-moi ce service (comme tu as l'habitude de le faire à ma demande) de lui commander un piédestal. Choisis le marbre que tu voudras et fais-y inscrire mon nom et mes titres si tu penses que c'est de mise. Quant à la statue, je te l'enverrai dès que j'aurai trouvé quelqu'un que cela ne gênera pas ou, si tu préfères, je te l'apporterai moi-même. Je projette, en effet, si les devoirs de ma charge me le permettent, de passer te voir. Je sens que cette promesse te réjouit, mais tu vas froncer les sourcils si j'ajoute que ce n'est que pour quelques jours. Car le travail qui me retient encore ici ne me permet guère de m'absenter longtemps.

III

21

à Cornélius Priscus

Je suis affligé d'apprendre la mort de Valérius Martial.

C'était un homme d'un immense talent, subtil et pénétrant, dont les écrits avaient tant de finesse et de malice – et non moins de sincérité. Je lui avais fait présent, à son départ [6], de l'argent du voyage. Je le devais à l'amitié, je le devais aux vers qu'il a composés sur moi. C'était l'usage chez les anciens d'accorder des honneurs ou de l'argent à ceux qui avaient écrit l'éloge d'un particulier ou d'une ville. Mais, de notre temps, avant d'autres coutumes nobles et belles, celle-là s'est perdue. Car depuis que nous avons cessé de rien faire de louable, nous jugeons aussi la louange stupide.

Tu me demandes quels sont les vers qui lui ont valu ma reconnaissance ? Je te renverrais à son livre si je n'en savais quelques-uns par cœur ; s'ils te plaisent, tu chercheras les autres dans le recueil. Il s'adresse à sa Muse et lui recommande de chercher ma maison dans le quartier des Esquilies, de s'y présenter avec déférence :

Garde-toi, Muse, de mal choisir l'instant et d'aller, dans l'ivresse du matin, frapper à la porte de ce savant. Ses jours, il les consacre tout entiers à l'austère Minerve. Pour charmer les Cent Juges[7]*, il travaille à des discours que la postérité pourra comparer aux écrits d'Arpinum*[8]*.*

Il te sera plus sûr d'y aller sous les flambeaux du soir : c'est ton heure, l'heure du délire de Bacchus, l'heure où règne la rose, l'heure du parfum dans les cheveux, l'heure où doivent me lire même les rigides Catons.

Ne devais-je pas, à celui qui a parlé de moi en ces termes, le témoignage de mon affection à son départ, de ma douleur à sa mort, comme à un ami très cher ? Il m'a donné tout ce qu'il pouvait ; il m'aurait donné davantage s'il avait pu. D'ailleurs, peut-on donner plus à un homme que la renommée, la gloire, l'immortalité ? Mais, diras-tu, les œuvres de Martial ne seront pas immortelles. Peut-être, mais il les a écrites dans la pensée qu'elles le seraient.

IV

16

à Valérius Paulinus

Tu peux être heureux pour moi, pour toi, pour tous : la littérature est encore en honneur ! Dernièrement, je devais plaider devant les centumvirs. Je n'ai pu gagner ma place que par l'estrade des juges, en y accédant par leurs rangs, tant le public était dense. De plus, un jeune homme dont la tunique avait été déchirée, comme cela arrive dans les foules, est resté là, sept heures durant, à m'écouter, vêtu seulement de sa toge. Car j'ai passé tout ce temps à plaider avec bien des efforts, mais avec plus de succès encore.

Travaillons ! N'abritons pas notre paresse derrière celle d'autrui ! Il existe un public, il existe des lecteurs, à condition de produire des œuvres dignes d'être écoutées ou d'être publiées !

V

5

à Novius Maximus

Je viens d'apprendre la mort de Caius Fannius et cette nouvelle me fait une peine immense. J'aimais cet homme fin, éloquent, et j'avais souvent recours à ses conseils. Il tenait de la nature la profondeur de réflexion, de sa pratique l'habileté, de sa clairvoyance la capacité de décision. Je souffre aussi de son propre malheur. Il est mort en laissant un vieux testament dans lequel il a oublié ceux qu'il aimait et comblé ses pires ennemis. Mais on pourrait passer là-dessus, le plus grave est qu'il laisse inachevée une œuvre magnifique.

Ses plaidoiries le prenaient beaucoup mais il

trouvait encore le temps de relater la mort des malheureux que Néron avait tués ou bannis. Il venait d'achever trois livres d'une finesse, d'une exactitude et d'une pureté de langue remarquables ; ils tenaient à la fois du dialogue philosophique et de l'histoire ; son désir de terminer les autres livres était d'autant plus fort qu'on s'arrachait les premiers. La mort de ceux qui travaillent à des œuvres immortelles survient toujours trop tôt à mon goût. Quand on s'adonne aux plaisirs, qu'on vit au jour le jour, on n'a plus, chaque soir, de raison de vivre le lendemain ; mais, quand on songe à la postérité et qu'on veut, par une création, éterniser sa mémoire, on est toujours surpris par la mort : elle interrompt toujours un travail commencé.

D'ailleurs, Caius Fannius, depuis longtemps, avait pressenti ce qui lui arriverait. Une nuit, en dormant, il s'était vu couché sur son lit de travail, dans l'attitude d'un homme qui se livre à l'étude, ses documents devant lui selon son habitude. Néron arrivait, s'asseyait sur son lit, sortait le premier livre que Caius avait publié sur ses crimes, le lisait jusqu'au bout, en faisait autant avec le second, le troisième, puis il s'en allait. Fannius prit peur, il se figura que ses écrits s'arrêteraient là où l'empereur avait fini sa lecture : et c'est ce qui arriva.

A ce souvenir, je suis pris de pitié pour tant de veilles, tant de travail, en pure perte. Je pense à ma propre fin, à mes écrits, et je ne doute pas que la même réflexion ne t'inspire les mêmes alarmes pour tes travaux en cours. Tâchons donc, tant que nous sommes en vie, que la mort trouve le moins possible à détruire.

VI

15

à Voconius Romanus

Tu as manqué une scène extraordinaire ; moi aussi d'ailleurs, mais le récit en est arrivé jusqu'à moi. Passennus Paulus, brillant chevalier romain, d'une culture remarquable, écrit des vers élégiaques. C'est de famille : il est concitoyen de Properce et le compte même parmi ses ancêtres. Il donnait une lecture publique et commença par ces mots : « Tu veux, Priscus... » Javolénus Priscus, qui se trouvait là en tant qu'ami intime de Paulus, s'écria alors : « Moi ? Mais je ne veux rien du tout ! » Tu imagines les plaisanteries et les rires ! Ce qui est sûr c'est que Priscus ne va pas très bien. Il a pourtant des responsabilités, il est appelé en conseil, il est expert d'État en droit civil. Ce qu'il a fait n'en est que plus ridicule et a d'autant plus attiré l'attention. Quoi qu'il en soit, Paulus fut comme paralysé par le moment d'égarement de son ami. Quand on donne une lecture, on devrait veiller non seulement à aller bien soi-même, mais aussi à n'inviter que des gens qui vont bien dans leur tête !

VII

20

à Tacite

J'ai lu ton livre [9] ; j'y ai fait des annotations, aussi précises que possible, sur les modifications et les suppressions auxquelles il faut, selon moi, procéder. J'ai l'habitude de dire la vérité, et toi de m'écouter volontiers. Car il n'y a que ceux qui méritent les plus grands éloges qui supportent si facilement la critique. Maintenant j'attends que tu m'envoies mon livre avec tes annotations.

Doux et merveilleux échange ! C'est une joie de penser que, si la postérité se soucie de nous, on parlera partout de l'entente, de la franchise, de la loyauté qui auront été les nôtres ! On trouvera peu commun, voire extraordinaire, que deux hommes à peu près du même âge et de même condition, qui ont quelque prestige dans le monde des lettres (je n'en dirai pas plus de toi, puisqu'il s'agit aussi de moi), se soient ainsi encouragés mutuellement.

J'étais encore un jeune homme quand tu étais déjà dans l'éclat de la renommée et de la gloire. J'aspirais à marcher sur tes traces, à paraître, à être

loin derrière mais le plus proche[10].

Il y avait à cette époque beaucoup de célébrités mais c'est toi – tant nous nous ressemblions – que je croyais pouvoir le mieux, et devoir le plus, imiter. C'est un vrai bonheur de savoir que, si l'on discute de littérature, on ne mentionne pas nos noms l'un sans l'autre et que, lorsqu'on parle de toi, on pense aussitôt à moi. Les auteurs que l'on peut nous préférer ne manquent certes pas mais on nous met ensemble et peu importe à quelle place ; pour moi c'est être le premier que d'être le plus près de toi. Pour les testaments, tu as sûrement remarqué toi aussi que, sauf quand il s'agit d'un ami intime de l'un de nous deux, les legs qu'on nous fait sont du même genre, de même valeur. Voilà qui doit nous amener à nous aimer plus fort encore, puisque tout nous lie : nos œuvres, nos caractères, notre renommée et, pour finir, les dernières volontés de nos amis !

IX

11

à Géminus

J'ai reçu ta lettre, qui me ravit, puisque tu veux que j'écrive un petit quelque chose que tu puisses insérer dans tes livres. Je trouverai un sujet : celui que tu me suggères ou un autre, car le tien risque de choquer. Regarde autour de toi et tu comprendras vite !

Je ne pensais pas qu'il y eût des libraires à Lyon, aussi est-ce avec un très grand plaisir que j'ai appris par ta lettre que mes ouvrages y sont en vente ; je suis enchanté qu'ils aient aussi à l'étranger le succès qu'ils ont connu à Rome. Je commence à penser que mon travail est vraiment bon pour recueillir des suffrages dans des endroits si différents !

IX

14

à Tacite

Tu n'es jamais satisfait de toi, et moi je ne suis jamais autant en confiance que lorsque j'écris à ton propos. La postérité se souciera-t-elle de nous ? Je ne sais, mais nous le méritons. Je ne dis pas par notre génie (ce serait prétentieux), mais par notre application, notre travail, notre respect de la postérité. Persévérons seulement dans la voie que nous avons choisie. Si elle n'en conduit que peu aux rayons de la gloire, elle en a tiré plus d'un du silence et de l'ombre.

III

SAGESSE

I

22

à Catilius Sévérus

Depuis longtemps je suis retenu à Rome, en proie à une véritable stupeur. Je suis bouleversé par la longue et persistante maladie de Titius Aristo pour qui j'éprouve une admiration et une affection hors du commun.

Comment trouver ailleurs plus de poids, plus d'intégrité, plus de culture ? Ce n'est pas seulement une personne qui s'en va mais, il me semble, les lettres et les arts qui sont, à travers un seul homme, en extrême péril. Quel expert du droit public et du droit privé ! Quelle connaissance des réalités, des exemples oratoires, de l'Antiquité ! Tout ce qu'on se propose d'apprendre, il est capable de l'enseigner. Quand je cherche à élucider un mystère, il est une mine ! On peut avoir une grande confiance en ses paroles ! Il a une autorité naturelle, de la pondération, de la réserve, de la dignité dans sa façon de parler. Que ne sait-il sur-le-champ ? Et pourtant, le plus souvent, il hésite, partagé entre des arguments opposés que son intelligence, à la fois vive et profonde, récapitule et examine, pèse en remontant aux origines ou aux causes premières.

C'est un homme frugal ; sa table, son train de vie sont modestes. Je me plais à voir dans sa chambre, dans son lit même, une sorte d'image de la simplicité antique. En plus, ces qualités sont rehaussées par une grandeur d'âme qui ne laisse rien à l'ostentation mais règle tout sur la conscience : le salaire d'une belle action, il ne l'attend pas de l'approbation populaire, mais de l'action elle-même. Bref, on peut difficilement comparer un tel homme à ces gens qui prétendent à la sagesse et la mettent tout entière dans leur apparence ! Il ne court ni les gymnases ni les portiques, il ne meuble pas le temps des autres ou le sien par d'interminables discussions ; il est tout entier aux affaires judiciaires et politiques, prêtant à beaucoup son assistance juridique, et prodiguant à plus encore ses consultations. Aucun d'entre eux ne lui arrive à la cheville pour la pureté, le dévouement, la piété, la justice et même le courage !

Tu admirerais, si tu pouvais le voir, avec quelle patience il supporte sa maladie, comment il lutte contre la douleur, comment il résiste à la soif, comment, sans bouger, sans se découvrir, il endure d'incroyables accès de fièvre. Dernièrement il m'a fait appeler avec quelques autres – ceux qu'il aime le plus – et nous a demandé de consulter les médecins sur l'issue de sa maladie. Si elle était incurable, il quitterait la vie de son propre chef ; si elle n'était que longue et pénible, il lutterait et attendrait : il devait aux prières de sa femme, il devait aux larmes de sa fille, et à nous, ses amis, de ne pas décevoir nos espérances – pourvu qu'elles ne fussent pas sans objet – par une mort volontaire. Je ne vois rien de plus difficile, de plus digne d'éloges. Courir au-devant de la mort, poussé par l'impulsion et l'instinct, c'est tout à fait ordinaire, mais délibérer, peser le pour et le contre et, selon la voix de la raison, forger ou abandonner le dessein de vivre ou de mourir, cela n'appartient qu'à une grande âme !

Les médecins, il est vrai, nous laissent entrevoir une issue favorable ; il s'agit maintenant qu'un dieu réalise leurs promesses et me délivre de cette inquiétude. Je pourrais alors retrouver ma villa des Laurentes, c'est-à-dire mes écrits, mes tablettes et mon temps à moi, que je réserve à l'étude. Car à présent, à son chevet, je n'ai le temps ni de lire ni d'écrire et, dans l'angoisse, je n'en ai d'ailleurs nulle envie.

Tu connais maintenant mes craintes, mes souhaits, et même mes projets. A ton tour, écris-nous ce que tu fais, ce que tu as fait, ce que tu as l'intention de faire, mais que tes lettres soient plus gaies. Ce ne sera pas une mince consolation, dans le trouble où je suis, de savoir que toi au moins tu n'as pas à te plaindre.

II

6

à Avitus

Ce serait bien trop long de remonter dans le passé et il n'y aurait pas grand intérêt à se rappeler comment je me suis trouvé à dîner chez quelqu'un que je connaissais à peine, qui se croyait distingué et économe et qui reste à mes yeux aussi mesquin que dépensier.

Il se faisait apporter, à lui et à un petit nombre d'élus, des mets délicieux mais aux autres des plats sans attrait et mal servis. Il avait même réparti le vin en trois catégories, dans de petites carafes (non pour nous laisser le choix mais pour nous le rendre impossible). La première était pour lui et pour nous, la deuxième pour des amis moins proches (car il graduait aussi son amitié), la troisième pour nos affranchis et les siens. Mon voisin de table me demanda si j'approuvais de telles méthodes. Je lui répondis que non.

« Comment vous y prenez-vous alors en pareil cas ?

– Je sers la même chose à tout le monde : je n'invite pas les gens à dîner pour leur faire un affront ; je veux au contraire que les personnes que j'ai installées à la même table soient traitées de la même façon.

– Même les affranchis ?

– Même eux ! Car il n'y a plus pour moi à ce moment-là d'affranchis, il n'y a que des convives.

– Cela doit vous revenir cher ?

– Pas du tout !

– Comment cela ?

– Tout simplement parce que ce ne sont pas les affranchis qui boivent le même vin que moi, c'est moi qui bois le même vin que mes affranchis. »

Eh oui ! Si tu réfrènes ta gourmandise, cela ne te coûtera pas beaucoup de partager avec les autres la nourriture que tu te sers. C'est l'excès qu'il faut réprimer et faire rentrer dans le rang ! Si tu veux éviter les dépenses, il est plus correct de le faire en te modérant qu'en insultant autrui.

Pourquoi cette anecdote ? Je voulais qu'un jeune homme excellent comme toi ne s'en laissât pas conter par cette sorte de gens qui cachent le luxe de leur table sous une économie de façade. L'affection que j'ai pour toi m'ordonne, chaque fois que l'occasion s'en présente, de t'avertir par l'exemple de ce que tu dois éviter. Rappelle-toi qu'il faut fuir plus que tout cette alliance moderne du luxe et de la mesquinerie. Pris séparément ces défauts sont déjà une honte, ils le sont plus encore quand on les met ensemble !

III

12

à Catilius Sévérus

J'irai dîner chez toi, mais voici mes conditions : que le repas soit simple, sans excès. Que seuls coulent à flots les propos socratiques, et encore qu'on en use avec modération ! Prends garde aux salutations des clients [11], au petit matin. Caton lui-même ne s'y est pas frotté sans mal, encore que César lui fasse à ce sujet un reproche qui ressemble fort à un compliment.

Il décrit les clients rougissant d'avoir découvert la tête de ce Caton complètement ivre qui était sur leur passage, et il ajoute : « On aurait dit que ce n'était pas Caton qui avait été pris en faute par eux, mais le contraire. » Pouvait-on reconnaître plus d'autorité à Caton que de le montrer encore respectable en pleine ivresse ?

En tout cas, pour notre dîner, il faut en modérer la dépense, les apprêts, mais aussi la durée. Nous ne sommes pas de ceux que même des ennemis ne pourraient blâmer sans que perce un éloge.

III

14

à Acilius

C'est un sort atroce, et qui mériterait mieux qu'une simple lettre, que ses esclaves ont fait subir à l'ancien préteur Larcius Macédo.

C'était un maître hautain et cruel ; il ne se souvenait pas assez que son père avait été esclave, à moins qu'il ne s'en souvînt trop bien !

Il prenait un bain dans sa villa de Formies. Tout à coup ses esclaves l'encerclent, l'un le saisit à la gorge, un autre le frappe au visage, un autre encore lui meurtrit de coups la poitrine, le ventre et même, je répugne à le dire, les parties génitales. Ils le croient mort et le jettent sur le pavé brûlant pour s'assurer s'il vit encore ! Lui – avait-il perdu connaissance ou feignait-il de ne rien sentir ? – reste étendu, sans mouvement, leur laissant croire qu'il est bien mort. Alors seulement ils l'emportent comme si la chaleur lui avait causé un étourdissement. Ses esclaves restés fidèles l'accueillent et les concubines accourent vers lui avec des cris et des hurlements. Réveillé par le bruit, ranimé par la fraîcheur des lieux, il entrouvre les yeux et se met à bouger, montrant ainsi (puisqu'il n'était plus en péril) qu'il est vivant. Les esclaves fuient de toutes parts. On en arrête un grand nombre, on recherche les autres. Le maître, rappelé avec peine à la vie pour quelques jours, mourut non sans avoir eu la consolation de voir les coupables punis, vengé de son vivant comme on venge les morts.

Tu vois quels périls, quels outrages, quelles dérisions nous pouvons rencontrer. Nul ne peut se croire en sûreté pour avoir été indulgent et humain : on ne tue pas son maître par raison, mais par instinct criminel.

Mais en voilà assez. Quoi de nouveau encore ? Quoi ? Mais rien du tout ! Autrement je te l'écrirais, la place ne me manque pas, et puis c'est jour de fête : je pourrais broder davantage. J'ajouterai un détail qui me revient à l'esprit au sujet de ce Macédo. Il était un jour, à Rome, aux bains publics, et il lui arriva un incident digne d'attention et, comme la suite l'a montré, prémonitoire. Un de ses esclaves avait légèrement poussé un chevalier pour lui faire céder le passage ; celui-ci se retourna et donna, non à l'esclave qui l'avait touché, mais à Macédo lui-même, une gifle si forte qu'il faillit tomber. Ainsi le bain aura été pour lui, par marches successives, une descente de l'outrage à la mort.

III

16

à Népos

Je crois avoir remarqué que les actes et les propos les plus connus qu'on attribue à des hommes ou à des femmes ne sont pas les plus beaux. La conversation que j'ai eue hier avec Fannia[12] m'a conforté dans cette idée. Elle est la petite-fille de cette admirable Arria qui fut pour son mari, au seuil de la mort, un exemple et une consolation. Fannia m'a raconté de sa grand-mère bien d'autres faits tout aussi héroïques mais moins connus. Je pense que tu ressentiras autant d'admiration à les lire que moi à les entendre.

Cécina Pétus, le mari d'Arria, souffrait ainsi que son fils d'une maladie jugée incurable. Le fils mourut ; il était très beau, infiniment distingué, et ces qualités avaient encore ajouté à l'amour de ses parents. Arria prépara les funérailles, et conduisit les obsèques de manière que son mari n'en sût rien. Bien plus : chaque fois qu'elle entrait dans sa chambre, elle faisait comme si son fils était toujours en vie et même allait mieux. Chaque fois qu'il lui demandait des nouvelles de leur enfant, elle répondait : « Il s'est bien reposé ; il a mangé avec appétit. » Puis quand les larmes longtemps contenues lui venaient et se mettaient à couler, elle sortait. Alors elle s'abandonnait à la douleur. Quand elle avait fini de pleurer, elle séchait ses yeux et composait son visage comme si elle avait laissé son deuil à la porte. Ce fut admirable de sa part de saisir un poignard, de s'en percer la poitrine, de le tendre à son mari en prononçant ces mots qui avaient quelque chose de divin : « On ne souffre pas, Pétus ! » Mais en accomplissant cet acte, en disant ces mots, n'avait-elle pas les yeux fixés sur la gloire, l'immortalité ? N'est-ce pas plus grand de n'attendre aucune récompense de l'immortalité ni de la gloire, d'enfouir ses larmes, de cacher son deuil et de continuer d'agir comme une mère quand on a perdu son fils ?

Pétus était du parti de Scribonianus qui avait pris les armes contre l'empereur Claude en Illyrie. Après la mort de Scribonianus, on le traînait à Rome. Il était sur le point d'embarquer, Arria supplia les soldats de l'emmener avec lui : « Ne vous faut-il pas donner à un consulaire quelques esclaves pour le servir à table, l'habiller, le chausser ? Je me charge de tout cela ! » Ce fut en vain. Elle loua une barque de pêcheur et sa frêle embarcation prit le sillage du navire.

C'est encore elle qui eut ce mot pour la femme de Scribonianus qui, devant l'empereur Claude, voulait passer aux aveux : « Moi, je vous écouterais ? Alors que vous avez vu votre mari égorgé dans vos bras et que vous vivez toujours ! » Preuve manifeste qu'elle n'a pas décidé sa mort glorieuse à la légère. Mieux : un jour, Thraséa, son gendre, la suppliant de ne pas mourir, lui donna cet argument : « Si je devais mourir, voudriez-vous que votre fille disparaisse avec moi ? – Si elle avait vécu avec vous aussi longtemps que moi avec Pétus et dans la même entente, oui, je le voudrais ! », répondit-elle. Cette réponse accrut les craintes de la famille. On la surveillait de plus près. Elle s'en rendit compte et dit : « Vous perdez votre temps ; vous pouvez me rendre la mort plus difficile mais vous ne pouvez m'empêcher de mourir. » A ces mots, elle se précipita de sa chaise, se cogna la tête sur le mur qui lui faisait face, et s'écroula. Quand elle eut repris ses esprits, elle déclara : « Je vous l'avais dit : je trouverai un chemin vers la mort, même pénible, si vous m'interdisez le plus facile. »

Ces mots ne te semblent-ils pas plus forts encore que le fameux : « On ne souffre pas, Pétus ! » qui n'en est que l'aboutissement ? Et pourtant, si cette formule a eu un immense retentissement, on n'entend nulle part les mots qui l'ont préparée. Je termine donc comme j'ai commencé : « Ce qui est le plus connu n'est pas le plus beau. »

IV

11

à Cornélius Minicianus

Est-ce que tu as appris que Valérius Licinianus enseigne en Sicile ? Pas encore, je crois, car la nouvelle est toute fraîche. Ancien préteur, il avait la réputation d'être un de nos meilleurs avocats : quelle déchéance ! De sénateur, le voilà exilé, et d'orateur, le voilà professeur de rhétorique ! Il a eu d'ailleurs ces mots pleins d'amertume et de gravité au début de son cours : « Ah ! Fortune, quels tours nous joues-tu ? Tu changes les sénateurs en maîtres de rhétorique et les maîtres de rhétorique en sénateurs. » Il y a tant de rancune et d'aigreur dans cette formule qu'il me semble n'avoir donné des cours que pour la prononcer. Il est entré vêtu du manteau grec (ceux qui sont interdits d'eau et de feu n'ont pas droit à la toge), il a étudié sa posture, a regardé longuement ses vêtements, puis déclaré : « Et dire que c'est en latin que je vais vous parler ! [13] »

C'est bien malheureux, me diras-tu, mais ne l'avait-il pas mérité ? N'avait-il pas déshonoré sa profession par des rapports interdits avec une vestale ? C'est vrai, il l'a avoué, mais on peut se demander s'il l'a fait parce que c'était la vérité ou pour ne pas aggraver son cas en niant. Domitien fulminait, bouillait, isolé dans un monde qui le haïssait. Il ne rêvait plus que d'enterrer vivante Cornélia, la grande vestale, persuadé que de tels exemples illustreraient le siècle ! Il fit usage de son droit de souverain pontife ou plutôt de sa cruauté tyrannique, de son sans-gêne de maître, et convoqua les autres pontifes dans sa villa d'Albe au lieu du palais du roi des Sacrifices [14]. Commettant un crime plus grand encore que celui qu'il prétendait punir, il la condamna pour impureté, en son absence, et sans l'avoir entendue, lui qui avait commis l'inceste avec la fille de son frère et l'avait même tuée puisque, veuve, elle était morte après un avortement.

Il envoya sur-le-champ les pontifes pour enterrer Cornélia et la mettre à mort. La malheureuse levait les mains tantôt vers Vesta, tantôt vers les autres dieux, et ne cessait de crier : « C'est moi que l'empereur croit impure ? Moi qui lui ai donné la victoire et le triomphe par les sacrifices que je présidais ! » Flatterie ? Dérision ? Conscience de son innocence ? Moqueries envers le prince ? On ne sait. Mais elle répéta ces paroles jusqu'au moment où on la conduisit au supplice, innocente peut-être, en tout cas regardée comme telle. Bien plus : comme on la faisait descendre dans la chambre souterraine, son manteau s'accrocha, elle le ramena sur elle. A ce moment, le bourreau lui tendit la main ; elle se détourna en sursautant, dans un dernier acte de délicatesse, repoussa ce contact qui pouvait souiller son corps pur, observant toutes les règles de la pudeur, « elle mit beaucoup de soin à tomber avec décence »[15]. De plus, le chevalier romain Céler, qu'on accusait de complicité avec Cornélia, pendant qu'on le battait de verges dans le comitium, n'avait cessé de répéter : « Qu'ai-je fait ? Mais je n'ai rien fait ! »

Domitien était dévoré par l'opprobre qu'avaient suscité sa cruauté et son injustice. Il fit arrêter Licinianus, prétexta qu'il avait caché sur ses terres une affranchie de Cornélia. Ceux qui lui voulaient du bien l'avertirent, s'il tenait à éviter le comitium et les verges, d'avoir recours à l'aveu pour se faire pardonner. C'est ce qu'il fit. Herennius Sénécio parla pour lui, en son absence, et prononça ces mots qui ressemblent fort au « Patrocle n'est plus » d'Homère : « Je ne suis plus avocat mais messager. Licinianus a renoncé à se défendre. » Cela plut tellement à Domitien que, dans sa joie, il se trahit :

« Licinianus m'a absous ! » s'écria-t-il. Il ajouta même qu'il ne fallait pas abuser de cette soumission et autorisa Licinianus à soustraire de la confiscation les biens qu'il pourrait, lui accordant en récompense un lieu d'exil agréable. Plus tard, la clémence du divin Nerva le transféra en Sicile où il enseigne maintenant et se venge de la Fortune... dans ses exordes.

Tu vois comme je t'ai obéi : je ne me contente pas de t'écrire ce qui se passe dans notre ville mais aussi hors d'Italie, et avec tant d'empressement que je remonte même dans le passé. J'ai bien pensé qu'étant absent à ce moment-là tu n'avais rien entendu d'autre sur Licinianus que sa condamnation pour immoralité. La rumeur rapporte les choses en gros, jamais en détail. Je mérite qu'à ton tour tu me dises tout ce qui se passe dans ta ville, et dans ta région (car il s'y passe souvent des événements importants), enfin tout ce qui te plaira, pourvu que ta lettre soit aussi longue que la mienne. Je compterai non seulement les pages, mais les lignes, et même les syllabes.

IV

21

à Vélius Céréalis

Triste et douloureux sort des sœurs Helvidia[16] ! L'une et l'autre sont mortes en couches après avoir mis au monde une fille. C'est une grande douleur que je ressens, et qui n'a rien d'exagéré : il est si affligeant de voir des jeunes femmes de cette distinction enlevées dans la fleur de l'âge pour avoir donné la vie. Je souffre pour ces petites filles privées de leur mère dès la naissance, pour ces époux si bons, je souffre pour moi aussi. Car je garde toute mon affection au père de ces femmes, même après sa mort, comme mon plaidoyer et mes écrits en témoignent. Des trois enfants qu'il avait, il n'en reste plus qu'un, et sa maison qui reposait naguère sur plusieurs piliers n'a plus que ce fils pour la supporter, la soutenir. Mais ce me sera une grande douceur, un grand apaisement, si la Fortune le garde, lui au moins, en bonne santé, fort, pareil à son merveilleux père, à son merveilleux aïeul. J'ai d'autant plus peur pour sa vie, pour son caractère, qu'il est seul maintenant. Tu connais mon excès de tendresse quand il s'agit de ceux que j'aime, tu connais mes inquiétudes aussi : tu ne t'étonneras pas que je ressente tant de crainte pour celui en qui j'ai mis tant d'espoirs.

IV

22

à Sempronius Rufus

J'ai été appelé en conseil dans l'instruction d'un procès que conduisait notre excellent prince. Un concours d'athlétisme avait lieu à Vienne [17] en vertu du testament de je ne sais trop qui. Concours que Trébonius Rufinus, personnage éminent qui était mon ami, décida, pendant qu'il était maire, de supprimer et d'abolir. On prétendait qu'il n'en avait pas le pouvoir. Il plaida lui-même sa cause et avec autant de bonheur que d'éloquence. Ce qui faisait la force de son argumentation, c'est que dans cette affaire privée il parlait comme un Romain, comme un bon citoyen, avec pondération et dignité. Quand on recueillit les avis, Junius Mauricus – je ne connais rien de plus solide et de plus vrai que cet homme – dit qu'on ne devait pas rendre ce concours aux Viennois et ajouta : « Je voudrais qu'on puisse l'interdire même à Rome. »

Belle énergie et beau courage, diras-tu. Oui, mais, venant de Mauricus, cela n'a rien de nouveau. Devant l'empereur Nerva, il avait montré le même courage. Nerva dînait en cercle restreint. Véiento était tout près de lui, et même appuyé sur son épaule. C'est tout dire que de nommer le personnage. On en vint à parler de Catullus Messalinus, qui, privé de la vue, avait ajouté à sa cruauté naturelle les défauts que donne la cécité. Il n'avait aucun respect, ne rougissait de rien, n'avait pas de pitié. Aussi Domitien se servait-il souvent de lui comme d'une arme pour frapper aveuglément et à l'improviste en le tournant contre les meilleurs citoyens. On parlait beaucoup de sa perversité et de ses sentences sanguinaires au cours du repas, quand l'empereur lui-même dit : « Que croyez-vous qu'il lui serait arrivé s'il vivait encore ? » Mauricus de répondre : « Il dînerait avec nous. »

Je me suis laissé entraîner mais c'était de bon cœur. On a décidé d'interdire le concours qui avait corrompu les Viennois comme le nôtre corrompt le monde entier. Car les défauts des Viennois ne sortent pas de chez eux tandis que les nôtres se répandent largement. Il en va de l'Empire comme du corps humain : les maladies les plus graves partent de la tête et se propagent partout.

VI

24

à Macer

Ah, comme notre jugement sur les actes diffère suivant ceux qui les accomplissent ! Selon qu'ils proviennent de gens célèbres ou de pauvres obscurs, ils sont montés aux nues ou mis plus bas que terre.

Je faisais une promenade en bateau sur notre lac de Côme avec un ami plus âgé que moi, quand il me fit voir une maison, plus précisément une des chambres qui surplombaient le lac. « C'est de là, dit-il, qu'un jour une femme s'est précipitée avec son mari. » Je demandai pourquoi. Le mari était depuis longtemps dévoré par un ulcère des parties génitales. Sa femme exigea qu'il le lui fît voir : personne ne lui dirait avec plus de franchise qu'elle s'il avait quelque chance de guérir. Elle vit qu'il n'y avait plus d'espoir et l'incita à mourir. Elle l'accompagna dans la mort, le guida même en le forçant à suivre son exemple. Elle s'attacha avec lui et se jeta dans le lac.

Moi-même, qui suis pourtant du pays, je n'avais jamais entendu parler de cette histoire avant ces jours-ci. Cet acte a cependant autant de valeur que celui d'Arria, mais son auteur était une femme moins connue, voilà tout [18].

VII

1

à Géminus

Cette maladie qui ne te lâche plus m'inquiète terriblement. Je sais combien tu es maître de toi, mais je crains qu'elle n'affecte ton caractère. Je te conseillerais d'être patient et d'endurer. Question d'honneur. Question de santé aussi. Ce que je te conseille n'a rien de surhumain. Moi-même, quand je me porte bien, je dis toujours à mon entourage : « J'espère, si je tombe malade, ne rien demander qui m'occasionne de la honte ou des regrets ; si toutefois la maladie est la plus forte, je vous interdis de me rien donner sans l'autorisation des médecins. Sachez sinon que je m'en vengerai comme d'autres d'un refus ! »

J'étais un jour tout brûlant de fièvre ; quand l'accès fut passé, on me frictionna, puis un médecin me donna à boire. Je lui tendis mon poignet et lui demandai de tâter mon pouls en lui rendant la coupe que mes lèvres n'avaient qu'effleurée.

Plus tard, après trois semaines de maladie, on me préparait pour le bain, mais je m'aperçus que les médecins chuchotaient. Comme j'en demandai la raison, ils me répondirent que le bain ne présentait – probablement – aucun danger pour moi mais qu'ils ne pouvaient l'assurer. « En ce cas, dis-je, en ai-je absolument besoin ? » Et je renonçai sans difficulté, avec calme, à ce bain où pourtant je me voyais déjà ; je me résignai à m'en passer, avec la même expression et la même disposition d'esprit que j'avais en m'y apprêtant.

Si je te fais ce récit, c'est d'abord pour ne pas donner de conseils sans les illustrer, ensuite parce que je voudrais que cette lettre me soit un gage pour m'astreindre à la même force de caractère à l'avenir.

VII

26

à Maximus

La maladie d'un de mes amis vient de me faire prendre conscience qu'on ne vaut jamais mieux que lorsqu'on est malade. Crois-tu qu'on soit alors titillé par le désir ou la convoitise ? On n'est plus esclave de l'amour, on ne cherche plus les honneurs, on se moque de l'argent et on se contente du peu qu'on a puisqu'on sait qu'on va s'en séparer. C'est à ce moment-là qu'on se souvient des dieux et qu'on est mortel ; on ne ressent ni envie, ni admiration, ni mépris pour personne ; les propos malveillants ne retiennent plus notre attention et ne nourrissent plus nos pensées : on ne rêve que de bains et de sources. C'est là notre principale occupation, le principal objet de nos prières ; on se dit que, si on en réchappe, on goûtera une existence douce et cachée, c'est-à-dire un bonheur innocent.

Ce que les philosophes essaient de nous enseigner par un flot de paroles et quantité de livres, je puis le prescrire, à moi comme à toi, en peu de mots : continuons à être, quand nous allons bien, les hommes que nous nous promettions d'être quand nous étions malades.

VIII

22

à Géminus

Tu connais sûrement des gens qui, en proie à tous les dérèglements, éprouvent un ressentiment jaloux contre les défauts des autres et ne sont jamais aussi durs qu'envers ceux qui leur ressemblent le plus ; alors que d'autres, qui n'ont nul besoin de pardon, ont une indulgence naturelle. Le meilleur et le plus parfait des hommes est justement, pour moi, celui qui pardonne aux autres comme s'il commettait des fautes chaque jour, et se garde d'en commettre comme s'il ne pardonnait à personne.

Que ce soit chez nous, sur le forum, ou à n'importe quel moment de la vie, tâchons d'être impitoyables envers nous et indulgents quand il s'agit des autres, même de ceux qui ne trouvent d'excuse que pour eux. Rappelons-nous toujours ce qu'un homme comme Thraséa, si bon qu'il en était exceptionnel, avait l'habitude de répéter : « Qui déteste les vices déteste les hommes. »

Tu te demandes peut-être ce qu'il me prend d'écrire cela. C'est que quelqu'un, ces jours-ci... mais nous en parlerons de vive voix, ou plutôt n'en parlons jamais : je crains que rapporter, attaquer, stigmatiser ce que je désapprouve en lui ne soit contradictoire avec ce que je suis en train de te dire. Quel que soit cet individu, quel que soit son caractère, mieux vaut nous taire. Le désigner ne servirait à rien pour l'exemple, ne pas le faire est un vrai signe de générosité.

IX

12

à Junior

Un père se mettait en colère contre son fils parce qu'il dépensait trop d'argent à acheter des chevaux et des chiens. Je lui dis, après le départ du jeune homme : « Eh quoi ! Et vous, n'avez-vous jamais rien fait qui pût fâcher votre père ? Non ? Est-ce que vous ne faites pas par moment des choses que votre fils pourrait critiquer aussi sévèrement, si on inversait subitement les rôles ? Est-ce que tout le monde n'est pas amené à faire des erreurs ? Est-ce que chacun n'y va pas de sa petite complaisance envers soi-même ? »

Cet exemple de sévérité excessive m'a mis sur mes gardes et je t'écris en toute amitié pour que tu ne sois pas trop strict ni trop dur envers ton fils. Souviens-toi que c'est un enfant, que tu l'as été, et fais ton devoir de père, sans oublier que tu es un être humain et que ton fils est lui aussi un être humain .

IX

17

à Génitor

J'ai bien reçu ta lettre où tu te plains de ton ennui, au cours d'un dîner, pourtant somptueux, de voir ces bouffons, ces danseurs, ces clowns allant de table en table. Je t'en prie, ne sois pas aussi renfrogné ! Moi-même, je n'ai rien de tout ça chez moi mais je le supporte chez les autres. Pourquoi pas chez moi ? C'est que je ne trouve rien de drôle ou d'étonnant aux avances d'un danseur, aux effronteries d'un bouffon, aux âneries d'un clown. Ce n'est pas un principe de conduite que je te donne-là, seulement mon goût à moi. Pense au nombre de gens choqués par les divertissements qui nous plaisent et nous fascinent et qu'ils trouvent, eux, sans intérêt ou ennuyeux à mourir. Combien demandent leurs affaires quand entrent un lecteur, un joueur de lyre ou un acteur, ou bien restent étendus, en proie au même ennui que toi lorsque tu endurais ces monstruosités, comme tu les appelles ? Soyons donc tolérants pour les plaisirs des autres afin de gagner leur indulgence pour les nôtres.

IX

30

à Géminus

Tu as souvent dit du bien devant moi, et encore dans ta dernière lettre, de ton ami Nonius, pour sa générosité envers certains. Moi aussi je la loue, si toutefois ils n'en ont pas l'exclusivité. J'aime qu'une personne vraiment généreuse donne à sa patrie, à des proches, à des parents, à des amis, mais j'entends à des amis sans ressources, qu'elle ne fasse pas comme ces égoïstes qui ne donnent qu'à ceux qui peuvent le mieux leur rendre. Ces gens-là, selon moi, ne prennent pas sur leurs biens : leurs cadeaux sont des leurres dont ils se servent pour faire main basse sur les biens d'autrui ! C'est avec cette ingéniosité qu'on prend à l'un pour donner à l'autre, qu'on cherche dans sa rapacité à passer pour généreux. L'essentiel est de savoir se contenter de ce qu'on a, puis de soutenir et d'aider ceux que l'on sait le plus dans le besoin et de former ainsi une véritable chaîne de solidarité.

Si ton ami fait cela, il faut le louer par-dessus tout. S'il ne le fait qu'en partie, il faut le louer moins, mais le louer encore : les exemples d'une générosité, même limitée, sont si rares ! L'avidité a une telle emprise sur les hommes qu'ils semblent moins posséder qu'être possédés.

IX

33

à Caninius

Je suis tombé sur une histoire vraie qui a toutes les apparences d'une fiction, digne de ton inspiration si féconde, si éminemment poétique. Je l'ai entendue à table, au milieu des récits de prodiges les plus divers. Je la tiens de bonne source, encore qu'un poète ne se soucie pas de cela. Il s'agit toutefois d'une source qui serait tenue pour crédible même par un historien.

La colonie romaine d'Hippone [19] est située sur la côte africaine, tout près d'une lagune navigable d'où part un chenal qui, comme un fleuve, selon que la marée le pousse d'un côté ou de l'autre, tantôt se jette dans la mer, tantôt revient à la lagune. Des gens de tous âges y viennent pêcher, faire du bateau et même nager, surtout les enfants, qui ont tout le temps de jouer. C'est pour eux un fait de gloire et de bravoure d'aller le plus au large possible ; le vainqueur est celui qui a distancé ses camarades à la nage et s'est éloigné le plus de la côte. Dans l'une de ces courses, un enfant, plus hardi que les autres, s'était aventuré trop loin. Un dauphin vient à sa rencontre, le précède, lui tourne autour, le suit, enfin se met sous lui, le dépose, le reprend, l'emporte tout tremblant vers le large, puis retourne au rivage et le rend à la terre ferme et à ses camarades.

L'histoire fait le tour de la ville. Chacun accourt pour voir l'enfant, le considère comme un prodige, l'interroge, l'écoute, et répète son histoire. Le lendemain, la foule occupe le rivage, les yeux fixés sur la mer et sur tout ce qui y ressemble. Des enfants nageaient ; parmi eux, notre héros maintenant plus prudent. Le dauphin réapparut au même moment, se dirigea de nouveau vers l'enfant qui s'enfuit avec les autres. Alors l'animal sauta, plongea, décrivit toutes sortes de cercles autour de lui comme pour l'inviter, l'appeler et puis le laissa. Cela se reproduisit le lendemain, le surlendemain et les jours suivants, jusqu'à ce que tous ces gens, marins de souche, eussent honte de leur frayeur. Ils approchèrent le dauphin, jouèrent avec lui, l'interpellèrent, le touchèrent, le caressèrent même : il se laissa faire. Avec l'expérience, on s'enhardit. En particulier, l'enfant qui, en premier, avait fait sa connaissance nagea avec lui, monta sur son dos, se fit porter puis rapporter par l'animal, se sentit reconnu et aimé de lui et l'aima à son tour. Aucun des deux n'avait plus peur, ni ne faisait peur à l'autre. La confiance chez l'un, la douceur chez l'autre s'affermirent . D'autres enfants les accompagnaient, de chaque côté, et les encourageaient de la voix. Avec eux – nouveau prodige – nageait un autre dauphin qui se contentait, lui, de regarder et d'escorter. Il n'avait pas les mêmes familiarités que le premier et ne les acceptait pas non plus, mais il l'accompagnait et le raccompagnait, comme les enfants le faisaient pour notre héros.

On aura du mal à croire (c'est pourtant aussi vrai que ce qui précède) que le dauphin qui servait de monture et jouait avec les enfants se laissait tirer sur la terre ferme, se séchait sur le sable et, quand il avait trop chaud, roulait jusqu'à la mer. Puis, on le sait, le légat du gouverneur, Octavius Avitus, par une superstition maligne, versa sur l'animal, quand il fut sur le rivage, de l'huile parfumée. La sensation insolite et l'odeur le mirent en fuite. Ce n'est qu'après de nombreux jours qu'on le revit, languissant et triste. Puis, de nouveau vaillant, il reprit son humeur enjouée et ses bons offices. Les personnalités affluaient pour voir le spectacle, mais le coût de leur venue et de leur séjour écrasait de nouvelles dépenses cette ville sans grands moyens. A la fin, l'endroit perdait sa paix et sa tranquillité : on décida de supprimer la cause de cette affluence.

J'imagine ton émotion, et ton sentiment, quand tu embelliras et grandiras ce récit. D'ailleurs ce n'est pas la peine d'inventer ou d'en rajouter : il suffit que tu n'ôtes rien à la réalité.

IV

CES ÊTRES FAMILIERS

I

11

à Fabius Justus

Depuis longtemps je n'ai plus de lettre de toi. « Je n'ai rien à écrire », dis-tu. Eh bien, écris-moi précisément que tu n'as rien à écrire, ou même ces seuls mots qui se trouvaient au début des lettres autrefois : « Si tu vas bien, tant mieux ; moi, je vais très bien. » Cela me suffit, car c'est l'essentiel. Tu crois que je plaisante ? Ma demande est très sérieuse. Fais-moi savoir ce que tu deviens. Je ne puis l'ignorer sans ressentir la plus vive inquiétude !

I

15

à Septicius Clarus

Comment ? Tu acceptes une invitation à dîner et tu ne viens pas ! Le verdict est prononcé : tu rembourseras jusqu'au dernier sou, et ce n'est pas rien ! On avait préparé une laitue par convive, trois escargots, deux œufs, un gâteau d'épeautre avec du vin au miel et de la neige (tu la compteras aussi, et même avant tout le reste, puisqu'elle s'est perdue sur le plateau), des olives, des betteraves, des courgettes, des oignons et bien d'autres mets tout aussi délicats. Tu aurais entendu un comédien, ou un lecteur, ou un joueur de lyre, ou même (tu vois ma générosité) les trois ! Mais tu as préféré manger chez je ne sais qui des huîtres, des abats, des oursins, et regarder des danseuses de Gadès !

Tu seras puni, mais je ne te dirai pas comment ! Tu as été dur ; tu as refusé un plaisir, à toi, ou plutôt à moi ; en fait, à nous deux. Combien nous aurions plaisanté, nous aurions ri, nous aurions parlé littérature ! Tu peux trouver chez beaucoup table mieux servie, mais nulle part plus de gaieté, plus de franchise, plus de spontanéité. En un mot : essaie... et si après tu ne préfères pas décliner d'autres invitations, je consens que tu déclines toujours les miennes.

I

21

à Paternus

J'accorde autant de finesse à ton coup d'œil qu'à ton jugement. Ce n'est pas qu'ils soient extraordinaires (je ne voudrais pas te faire trop plaisir) mais ils sont comparables aux miens, et c'est déjà beaucoup ! Toute plaisanterie mise à part, je ne trouve pas si mal les esclaves qu'on a achetés pour moi sur ton conseil. Reste à voir s'ils me feront de l'usage, car en ce domaine, quand on achète, mieux vaut se fier à ses oreilles qu'à ses yeux.

I

24

à Bébius Hispanus

Suétone [20], mon vieux camarade, est intéressé par le petit domaine que cherche à vendre, dit-on, un des tiens. Je te demande de faire ton possible pour qu'il l'achète à un prix équitable : ce n'est qu'à cette condition qu'il sera content de son achat. Faire un mauvais marché est toujours désagréable. Surtout parce que cela semble prouver à l'acquéreur sa propre sottise. Or, à ce petit domaine, si du moins le prix lui sourit, mon cher Suétone trouve bien des charmes : la proximité de la ville, la commodité de la route, les dimensions modestes de la villa, l'étendue moyenne des terres qui invitent à se distraire plutôt qu'à s'occuper. Pour des intellectuels comme lui, c'est bien suffisant d'avoir juste assez de terrain pour se délasser l'esprit, reposer ses yeux, en faire le tour en flânant, prendre toujours le même chemin, connaître chaque pied de vigne et compter ses arbres. Je te donne ces explications pour que tu saches combien il sera mon obligé et moi le tien s'il achète ce petit bien doté de tant d'agréments à des conditions assez favorables pour n'avoir jamais à le regretter.

II

2

à Paulinus

Je suis furieux. A tort ou à raison, mais je suis furieux. Tu sais à quel point l'amitié est injuste parfois, emportée souvent, susceptible toujours. Mais cette fois le motif est sérieux. Juste ? Je ne saurais le dire. En tout cas, je suis au comble de la fureur, comme si le motif était aussi juste que sérieux : il y a si longtemps que je n'ai pas eu de lettre de toi !

Tu n'as qu'un moyen de te faire pardonner : m'en envoyer tout de suite beaucoup... et de très longues ! Ce sera ta seule bonne excuse. Toutes les autres me paraissent fallacieuses. Ne viens pas me dire : « Je n'étais pas à Rome » ou : « J'étais débordé », je ne veux pas l'entendre ! Quant à l'excuse : « J'étais malade », aux dieux ne plaise ! Pour moi, dans ma villa, je suis partagé entre l'étude et la paresse, les inséparables rejetons du temps à soi.

IV

1

à Fabatus, mon grand-père par alliance

Depuis longtemps, vous désirez nous voir ensemble, votre petite fille et moi. Votre désir nous touche beaucoup, et nous avons le même envers vous. Nous brûlons de vous retrouver, et nous ne saurions différer cette joie davantage ; nous bouclons nos bagages et nous allons faire aussi vite que le permettra le trajet. Nous ne ferons qu'une étape fort brève : un petit détour par la Toscane, non pour inspecter mes terres et mon domaine (cela peut bien attendre), mais pour m'acquitter d'une obligation urgente. Près de ma propriété est un petit bourg du nom de Tifernium Tibérinium qui m'a pris pour protecteur, quand j'étais encore presque enfant, avec autant d'empressement que d'inconscience. Il me fête quand j'arrive, est triste quand je pars, heureux quand on m'honore. En témoignage de ma reconnaissance – car c'est une honte de se laisser surpasser en affection –, j'ai élevé dans ce bourg un temple à mes frais. Il est achevé et, par conséquent, ce serait un sacrilège d'en remettre l'inauguration. Nous y serons donc le jour de cette cérémonie que j'ai décidé de célébrer par un festin. Peut-être y resterons-nous encore le lendemain, mais nous n'en serons que plus rapides sur la route.

J'espère vous trouver, ainsi que votre fille, en pleine santé ; joyeux, vous le serez, j'en suis sûr, si nous arrivons sans mal chez vous.

V

19

à Valérius Paulinus

Je vois bien ta douceur pour tes serviteurs, je ne t'en avouerai que plus franchement que je m'efforce, moi aussi, d'être bon envers les miens. J'ai toujours à l'esprit ce mot d'Homère : « Il était un père si tendre ! », ainsi que notre belle expression de *pater familias*. D'ailleurs, même si j'étais d'un naturel plus dur ou insensible, la maladie de mon affranchi Zosime me briserait le cœur, et je dois lui montrer d'autant plus de bonté que c'est maintenant qu'il en a le plus besoin. C'est un homme honnête, serviable, cultivé ; son principal talent, et pour ainsi dire son titre, c'est celui d'acteur : il y réussit à merveille. Il a une élocution claire, juste, bien adaptée et même noble, et son art de la cithare dépasse ce qu'on demande à un acteur. Il lit si bien les discours, l'histoire et les vers qu'on dirait qu'il n'a jamais rien appris d'autre.

Je te donne tous ces détails pour que tu saches les services variés et agréables qu'il me rend à lui seul. A cela s'ajoute mon affection déjà ancienne et accrue par les périls qu'il a courus. Ainsi le veut la nature : rien n'avive et n'enflamme autant notre amitié que la crainte d'en perdre l'objet, et cette crainte, ce n'est pas la première fois que je l'éprouve pour lui. Il y a quelques années, un jour qu'il s'appliquait à déclamer avec force, il se mit à cracher du sang. Aussi l'envoyai-je en Égypte pour une cure. Il en est revenu, depuis peu, en forme, après une longue absence. Puis il a trop forcé sa voix plusieurs jours de suite et une petite toux est venue signaler la rechute ; il a de nouveau craché du sang.

Voilà pourquoi j'ai décidé de l'envoyer dans ton domaine, à Fréjus, car je t'ai souvent entendu dire qu'il y avait du bon air et aussi du lait : quoi de mieux pour soigner ces sortes de maladie ? Je te prie d'écrire à tes serviteurs pour qu'ils lui ouvrent ta propriété, ta maison, qu'ils pourvoient à ses dépenses le cas échéant ; mais ses besoins seront modiques. Il est tellement modeste et sobre qu'il se refuse par économie toutes les gâteries et même les soins qu'exige sa santé. Du reste, je lui donnerai à son départ assez d'argent pour faire le voyage jusqu'à toi.

V

21

à Pompéius Saturninus

Ta lettre m'a donné des sentiments mitigés : elle contient autant de nouvelles gaies que de nouvelles tristes. Gaies, puisque tu m'annonces que tu es retenu à Rome (cela ne te plaît pas, à ce que tu dis, mais cela me plaît bien à moi !), et que tu me promets de donner une lecture [21] dès mon arrivée – je te remercie de m'attendre ; tristes aussi : Julius Valens est gravement malade, dis-tu. Encore que ce ne soit pas vraiment triste si l'on se soucie de son bien : ne vaut-il pas mieux être délivré le plus tôt possible d'une maladie incurable ? Mais ce qui me cause une grande tristesse, ce dont je porte le deuil, c'est que Julius Avitus est mort en rentrant de sa questure ; mort sur le navire, loin de son frère qui l'aimait tant, loin de sa mère, de ses sœurs. Cela ne lui fait plus rien maintenant, mais il a dû en souffrir dans ses derniers moments, et c'est aussi une souffrance, pour ceux qui restent, de voir s'éteindre ainsi dans la fleur de l'âge un jeune homme si doué, qui avait déjà si bien réussi et qui serait arrivé plus haut encore si ses qualités avaient pu mûrir. Il était passionné de littérature, il lisait et écrivait tant ! Tout est parti avec lui, en pure perte pour la postérité. Mais pourquoi laisser prise à ma douleur ? Dès qu'on lui lâche la bride, tout sujet lui semble bon.

Je mets fin à cette lettre pour pouvoir aussi mettre fin aux larmes qu'elle a fait couler.

VI

4

à ma femme Calpurnia

Jamais je n'ai eu tant à me plaindre de mes occupations. Elles m'ont empêché de te suivre en Campanie quand tu partais en convalescence et de te rejoindre tout de suite après. C'est maintenant, surtout, que je voudrais être avec toi pour voir, de mes yeux, si tu as repris des forces, si tu vas mieux, si tu as supporté sans mal les plaisirs de la villégiature, le trop plein de vie de cette région. Même si tu allais bien, en fait, je m'inquièterais de ton absence. On est angoissé, la vie s'arrête, quand on reste quelque temps sans nouvelles de l'être qu'on aime passionnément. Mais c'est ta santé, autant que ton absence, qui m'alarme ; elle fait naître en moi toutes sortes d'appréhensions. Tout me fait peur, j'imagine tout et, comme tous les gens inquiets, je ne cesse de me représenter ce qui me terrifie le plus.

Je t'en supplie : pense à mon inquiétude, écris-moi chaque jour une lettre, même deux. Je retrouverai ma tranquillité en les lisant, et la perdrai dès que j'aurai fini de les lire.

VI

7

à ma femme Calpurnia

Tu me dis dans ta lettre que tu souffres terriblement de mon absence, que ta seule consolation, quand je ne suis pas là, est d'avoir mes écrits près de toi, souvent même à la place où j'étais.

Il est doux de penser que je te manque, que tu te consoles de cette manière. Moi aussi je lis sans cesse tes lettres, je les prends et les reprends en main comme si je les découvrais ; mais cela ne fait qu'aviver mon désir. Car, si te lire me fait tant de bien, j'imagine combien il serait plus doux encore de t'entendre !

Écris-moi cependant, et le plus souvent possible, même si cela doit me faire autant de peine que de plaisir.

VI

16

à Tacite

Tu me demandes de te raconter comment mon oncle a disparu pour pouvoir le dire avec plus d'exactitude à la postérité : je t'en remercie. Je vois bien que sa mort est promise à une gloire éternelle si c'est toi qui la célèbres !

. . . .

Il était à Misène. Il commandait la flotte en personne. Le 24 août, au début de l'après-midi, ma mère attira son attention sur un nuage à la grandeur et à l'aspect insolites. Il venait de s'exposer au soleil, de prendre un bain froid et, après un repas léger, il était allongé et travaillait. Il demanda ses sandales et monta à l'endroit d'où l'on pouvait le mieux voir ce spectacle étonnant. Un nuage se formait (de loin, on avait du mal à discerner de quelle montagne il s'élevait mais on sut par la suite que c'était du Vésuve) ; son apparence et sa forme faisaient penser à un arbre, plus précisément à un pin : d'abord la longue ligne d'un tronc, ensuite un déploiement de branches. Sans doute projeté par la colonne d'air quand elle avait pris sa force, puis laissé à lui-même quand elle l'avait perdue, ou sous l'effet de son propre poids, il s'effilochait en largeur, tantôt blanc, tantôt sale et tacheté, selon qu'il soulevait de la terre ou de la cendre.

En savant qu'il était, mon oncle se dit qu'il fallait examiner le phénomène de plus près. Il fit préparer un bateau léger et me proposa de l'accompagner si bon me semblait. Je lui répondis que je préférais étudier : c'était lui, justement, qui m'avait donné du travail. En sortant de la maison, il reçut un billet de Rectina, épouse de Tascus, épouvantée par le péril qui la menaçait – sa villa se trouvait au pied du Vésuve, et elle ne pouvait fuir qu'en bateau ; elle le suppliait de l'arracher à cette situation critique. Il se ravisa alors et, ce qu'il avait entrepris par esprit de recherche, il le continua par grandeur d'âme. Il fit détacher des quadrirèmes [22] et s'embarqua dans l'idée de porter secours à Rectina et à beaucoup d'autres gens (le charme de la côte attirait les foules). Il se hâta vers la zone que tout le monde fuyait, toujours tout droit, cap sur le danger, sans aucune crainte, au point qu'il fit noter sous sa dictée – ou nota lui-même – tous les développements, toutes les formes que prenait le sinistre au fur et à mesure qu'il les découvrait.

Déjà, la cendre tombait sur les bateaux, plus chaude et plus dense à mesure qu'ils avançaient, avec des pierres ponces et des cailloux noirs, brûlés, effrités par le feu ; déjà, il y avait des bas-fonds, et des déjections rocheuses empêchaient d'atteindre le rivage. Il eut un moment d'hésitation. Revenir en arrière ? Son timonier le lui conseillait mais mon oncle lui dit : « La fortune sourit aux audacieux ! Mets le cap sur la maison de Pomponianus. » Celui-ci se trouvait à Stabies, de l'autre côté du golfe (en cet endroit, la mer pénètre le rivage qui s'incurve sur lui-même et s'arrondit doucement). Le péril n'était pas encore là mais on le voyait ; il se faisait de plus en plus proche en prenant de l'ampleur. Pomponianus avait fait embarquer ses bagages, bien décidé à fuir si le vent contraire se calmait. C'est alors que mon oncle arriva, porté par ce même vent, qui, à lui, était très favorable. Il embrassa son ami tout tremblant, le consola, lui redonna courage et, pour apaiser ses craintes, lui donna le spectacle de son assurance : il se fit descendre au bain, passa à table et dîna tout joyeux ou (ce qui est tout aussi remarquable) feignant de l'être.

Pendant ce temps, le sommet du Vésuve était constellé de flammes et de brasiers immenses que l'obscurité de la nuit rendait plus clairs et plus éclatants encore. Mon oncle répétait, pour conjurer les frayeurs de ses compagnons, que ce devait être des paysans qui avaient laissé dans la précipitation des feux allumés ou des villas abandonnées qui brûlaient dans la solitude. Il se reposa alors en dormant d'un sommeil vraiment profond : on entendait sa respiration, que son embonpoint rendait grave et sonore, jusque devant sa porte. Mais la cour sur laquelle donnait son appartement était déjà pleine de cendres mêlées de pierres ponces : le niveau en était surélevé ; s'il était resté plus longtemps dans sa chambre, il ne pouvait plus sortir ! On le réveille ; il vient retrouver Pomponianus et tous les autres qui n'avaient pas fermé l'œil de la nuit. Tous ensemble, ils se concertent : faut-il rester entre quatre murs ou aller à l'air libre ? C'est que des tremblements de terre faisaient osciller les maisons, qui semblaient aller d'un côté et de l'autre, comme sorties de leurs fondations. D'autre part, les chutes de pierres ponces rongées par le feu, même légères, les effrayaient tout de même. Des deux maux celui-ci parut cependant le moindre. Mon oncle choisit la solution la plus rationnelle, les autres celle qui leur faisait le moins peur. Ils se mirent des coussins sur la tête et les attachèrent avec des linges – ce fut leur seule protection contre ce qui tombait.

Le jour s'était levé mais, pour eux, c'était toujours la nuit, plus noire et plus dense que toute autre nuit, contrastée cependant par mille lueurs et diverses lumières. On décida de marcher sur le rivage et de voir de plus près si la mer était pratiquable : elle était toujours grosse, toujours rebelle ! Mon oncle se coucha-là, sur un linge qu'on avait étendu et, à plusieurs reprises, il réclama de l'eau fraîche et but. C'est alors que les flammes et l'odeur de soufre qui les annonçait firent fuir ceux qui étaient avec lui et le réveillèrent. Il s'appuya sur deux jeunes esclaves pour se relever et s'effondra aussitôt : un brouillard de plus en plus épais avait empêché sa respiration et obstrué sa gorge. C'est du moins mon interprétation : il avait la gorge naturellement fragile, étroite, et souvent enflammée. Quand le jour revint (il s'en était écoulé deux depuis le dernier qu'il avait vu), on retrouva son corps intact, en parfait état, il portait toujours les mêmes vêtements : on eût dit un dormeur plutôt qu'un défunt.

Pendant ce temps, ma mère et moi, à Misène... mais cela ne concerne pas l'Histoire et tu ne voulais savoir que les circonstances de sa disparition. Je m'arrêterai donc là. Je n'ajouterai qu'une chose : je t'ai fait le récit complet des événements auxquels j'ai assisté ou que j'ai entendu raconter tout de suite après – au moment où on les rapporte avec le plus d'exactitude. Tu retiendras les passages que tu voudras. C'est différent d'écrire une lettre ou l'Histoire, d'écrire pour un ami ou pour tous les hommes !

VI

20

à Tacite

Tu me dis que la lettre que j'ai écrite à ta demande, sur la mort de mon oncle, t'a donné envie de savoir les craintes et les épreuves que j'ai endurées quand il m'a quitté à Misène ; c'est ce que j'allais te dire à la fin de ma lettre.

Bien que le souvenir me glace...
Je vais commencer[23].

Après son départ, je passai tout mon temps à travailler ; c'était d'ailleurs pour cette raison que j'étais resté. Puis je pris un bain et dînai. Mon sommeil fut bref et agité. Durant plusieurs jours, il y avait eu des tremblements de terre qui ne m'avaient pas tellement effrayé : ils sont fréquents en Campanie. Mais, cette nuit-là, ils furent si violents qu'on n'avait plus l'impression de secousses mais d'un véritable bouleversement. Ma mère se précipita dans ma chambre au moment où je me levais pour aller la réveiller. Nous restâmes assis dans la cour de la maison – un espace bien modeste qui sépare les bâtiments de la mer. Je ne sais si je dois parler de courage ou d'imprudence à propos de ma conduite d'alors – j'étais dans ma dix-huitième année ! Je demande un livre de Tite-Live et, comme pour passer le temps, je le lis, je relève même certains passages comme j'avais commencé à le faire. Survient alors un ami de mon oncle, tout juste arrivé d'Espagne pour le retrouver. Quand il nous trouve tous les deux assis et qu'il me voit un livre dans les mains, il nous accable de reproches, moi pour mon indolence, ma mère pour la tolérer – ce qui ne m'empêche pas de rester plongé dans mon livre.

C'était l'aube, la lumière était encore incertaine et blafarde. Déjà, autour de nous, les bâtiments se lézardaient et, même à découvert, nous nous trouvions dans un lieu trop petit pour ne pas courir un danger réel et imminent si la maison venait à s'écrouler. Ce n'est qu'à ce moment que nous décidâmes de quitter la ville. La foule suivit, épouvantée, préférant s'en remettre à la décision d'autrui plutôt qu'à elle-même (en cela, la peur ressemble à la sagesse). Cette multitude qui nous pressait nous força à aller plus vite. Quand nous fûmes sortis des endroits couverts, nous nous arrêtâmes. Nous avions mille sujets de stupeur et de crainte. Les chariots que nous avions fait venir allaient dans tous les sens, bien que le terrain fût parfaitement plat et, même calés par des pierres, ils ne restaient pas en place. Nous avions de plus sous les yeux la mer qui se retirait, comme repoussée par le tremblement de terre. Le rivage s'était élargi, laissant s'échouer quantité d'animaux marins sur le sable séché. De l'autre côté, un nuage, noir à faire peur, traversé d'émanations de feu au tracé sinueux et brillant, se fendait en langues de flammes ressemblant à des éclairs mais plus imposantes.

Alors l'ami d'Espagne dont je viens de parler nous dit avec encore plus d'insistance, de virulence : « Si votre frère et oncle est encore en vie, il veut que vous soyez sains et saufs ; s'il est mort, il aurait voulu que vous viviez après lui. Alors pourquoi tarder à fuir ? » Nous répondîmes que nous étions incapables de songer à notre sécurité tant que nous ne savions rien de lui. Sans perdre un instant, notre ami s'enfuit en courant pour échapper au danger. Peu après, le nuage descendait sur la terre et recouvrait la mer : il avait enveloppé et dissimulé Capri, caché aussi le promontoire de Misène. Ma mère, alors, m'implora, me supplia, m'ordonna de fuir coûte que coûte : un jeune homme comme moi pouvait le faire, alors qu'elle en était empêchée par l'âge et l'embonpoint ; elle mourrait en paix si elle ne causait pas ma mort en même temps. Je lui pris la main et la forçai à allonger le pas. Mais elle peinait et se reprochait sans cesse de me retarder.

Déjà la cendre tombait, mais elle n'était pas encore dense. Je me retourne : un brouillard épais était sur nous qui se répandait sur la terre à notre suite. « Quittons le chemin tant que nous pouvons encore y voir, dis-je, ou nous tomberons et serons écrasés dans l'obscurité par la foule qui nous suit ! » A peine nous étions-nous assis que la nuit arriva : non pas celle que l'on doit à l'absence de lune ou à l'épaisseur des nuages, mais celle que l'on fait quand on éteint la lumière dans une pièce fermée.

On entendait les hurlements des femmes, les pleurs des nourrissons, les cris des hommes ; les uns appelaient leurs parents, les autres leurs enfants ou leur femme en essayant de les reconnaître à la voix. Certains pleuraient leur sort, d'autres celui de leurs proches ; il y en avait même qui, par crainte de mourir, appelaient la mort de leurs prières. Beaucoup imploraient les dieux, mais d'autres, plus nombreux, expliquaient qu'il n'y avait plus de dieux, que le monde était plongé à jamais dans une nuit éternelle. Il ne manqua pas de gens pour ajouter au danger réel les rumeurs suscitées par leur terreur. On annonçait qu'une partie de Misène était en ruines, une autre partie en flammes et, bien que ce ne fût pas vrai, on trouvait des gens pour le croire.

Une lueur reparut. Nous ne la prîmes pas pour le jour, mais pour le signal de l'approche du feu, qui, par bonheur, s'était arrêté à bonne distance. Puis ce fut de nouveau l'obscurité, la cendre qui tombait, plus drue cette fois, plus lourde. Nous nous levions de temps en temps pour la secouer, sinon elle nous aurait recouverts et étouffés de son poids. Je pourrais me vanter de ne pas avoir crié ni gémi dans un tel danger si je n'avais trouvé une consolation immense et pitoyable à ma condition de mortel en pensant que je disparaissais avec le monde entier et le monde entier avec moi.

Enfin, le brouillard devint plus ténu et se dissipa comme de la fumée ou comme un nuage. Ce fut le jour, le vrai, et même le soleil brilla, mais du jaune pâle des éclipses. Nos yeux encore tremblants découvraient le spectacle d'un monde que la cendre épaisse avait transformé comme l'aurait fait une couche de neige. De retour à Misène, nous reprîmes des forces tant bien que mal et passâmes une nuit de doute, partagés entre l'espoir et la crainte. Mais la crainte l'emportait, car la terre tremblait toujours et la plupart, en plein délire, tournaient en dérision leur malheur et celui des autres en faisant des prédictions terrifiantes. Mais, malgré les dangers traversés et que nous sentions encore imminents, nous n'avons pas, même à ce moment-là, décidé de partir avant d'avoir des nouvelles de mon oncle.

Rien de tout cela n'est digne de l'Histoire et tu ne le liras certes pas pour le mettre dans tes écrits. Mais tu ne t'en prendras qu'à toi si ce récit ne valait pas même une lettre puisque c'est toi qui me l'as demandé.

VII

5

à Calpurnia

C'est incroyable comme tu me manques ! Je t'aime et puis nous n'avons pas l'habitude d'être loin l'un de l'autre. Ainsi je passe une grande partie de mes nuits sans fermer l'œil, à t'imaginer. Et le jour, aux heures où j'allais te retrouver, mes pas, d'eux-mêmes, me conduisent, pour employer cette expression si juste, vers ton appartement. Malade, abattu, je reviens de ta chambre vide comme si on m'avait fermé la porte au nez. Les seuls instants où mon tourment me laisse sont ceux que je consacre entièrement au forum ou aux procès de mes amis.

Tu vois ce qu'est devenue ma vie : mon seul repos est dans le travail, ma seule consolation dans les tracas ou les soucis.

VII

28

à Septicius Clarus

Tu me dis qu'on m'a critiqué parce que je loue sans mesure mes amis en toute occasion. J'en accepte le grief ; mieux : il me plaît. Il n'y a faute plus honorable que l'excès de sentiment. Mais qui sont ces gens pour connaître mes amis mieux que moi ? Et, à supposer qu'ils les connaissent mieux, pourquoi m'en vouloir d'une erreur qui me fait tant plaisir ? Même si mes amis ne sont pas tels que je les proclame, je suis si heureux de les voir ainsi ! Que ces gens aillent donc porter ailleurs leurs attentions déplacées ! Ils trouveront bien des personnes pour penser que déchirer ses amis est une preuve d'intelligence, mais ils ne me convaincront jamais que j'aime trop les miens.

VIII

10

à Fabatus, mon grand-père par alliance

Vous désirez tant que nous vous donnions des arrière-petits-enfants ! Vous allez avoir une grande peine en apprenant que votre petite-fille a fait une fausse couche. Elle est jeune et inexpérimentée, elle n'a pas pris conscience de sa grossesse, elle n'a pas observé les précautions à prendre en cet état et elle a fait ce qu'elle aurait dû éviter. Elle a reçu une sévère leçon et payé son erreur au péril de sa vie. Aussi, bien que vous ne puissiez qu'être affligé de voir votre âge privé de la descendance que vous attendiez, il vous faut remercier les dieux de vous avoir gardé votre petite-fille. Même s'ils vous ont refusé pour le moment un arrière-petit-fils, ils vous en donneront un jour, nous pouvons en être assurés par cette preuve de fécondité, si malheureuse soit-elle.

Je vous adresse les mêmes encouragements, les mêmes conseils, les mêmes consolations qu'à moi-même. Vous ne pouvez pas désirer plus fort une descendance que moi des enfants, à qui je laisserais en héritage, je crois, que ce soit de votre côté ou du mien, un accès facile aux honneurs, un nom célèbre, une noblesse bien établie, si seulement ils pouvaient naître et changer en joie notre douleur !

VIII

11

à Calpurnia Hispulla

Je sais trop votre amour pour la fille de votre frère, plus tendre encore que celui d'une mère et je sens qu'il me faut commencer par la fin pour que la joie vienne en premier et ne laisse aucune place à l'anxiété. J'ai peur cependant qu'après la satisfaction votre crainte ne revienne et que votre joie de la savoir hors de danger ne s'accompagne d'une peur rétrospective.

Votre nièce est gaie maintenant, à nouveau toute à elle et à moi ; elle reprend des forces et mesure, en se rétablissant, le danger qu'elle a couru. Car elle a été en grand danger – j'espère pouvoir le dire sans crainte maintenant ; ce n'était pas sa faute mais un peu celle de son âge ; d'où sa fausse couche et la triste expérience d'une grossesse dont elle ignorait tout. Aussi, bien que vous ne puissiez être consolée de la mort de votre frère par la naissance de son petit-fils ou de sa petite-fille, souvenez-vous que cette consolation est remise à plus tard, qu'elle ne vous est pas refusée : car celle qui porte nos espoirs a été sauvée.

Je vous charge aussi d'expliquer cet accident à votre père ; les femmes comprennent mieux ces choses-là.

VIII

16

à Paternus

J'ai été bouleversé par les maladies de mes serviteurs, et par leur mort : des morts d'hommes jeunes ! Je n'ai que deux faibles consolations en regard de ma peine mais ce sont tout de même des consolations : je suis toujours prêt à affranchir mes esclaves (quand ils sont libres, leur mort me paraît moins prématurée), ensuite, je permets même à ceux qui sont toujours esclaves de faire des sortes de testaments que j'exécute comme des testaments réguliers. Ils donnent les instructions et font les requêtes qu'ils jugent bonnes et moi, j'obéis comme si c'étaient des ordres. Ils peuvent faire des partages, des dons, des legs, mais toujours dans le cadre de la maison, qui est, pour l'esclave, une cité et un État.

Ces consolations me font du bien mais je suis affaibli, brisé par cette affection qui me pousse à agir ainsi. Non que je veuille pour autant devenir dur ; je sais bien que d'autres, qui se croient grands et sages, ne voient guère dans cette sorte de malheurs qu'une perte d'argent. Je ne sais s'ils sont grands et sages, mais ce que je sais, c'est que ce ne sont pas des hommes ! Car un homme digne de ce nom est touché par la douleur, il la ressent même s'il ne se laisse pas abattre ; il accepte d'être consolé, il ne pense pas qu'il peut se passer de consolation.

J'en ai peut-être dit plus qu'il ne fallait, mais moins que je n'aurais voulu. Car même la douleur a ses plaisirs, surtout lorsqu'on pleure dans les bras d'un ami toujours prêt à approuver ou à excuser vos larmes.

IX

21

à Sabinianus

L'affranchi contre qui tu t'es emporté est venu me trouver, s'est prosterné à mes pieds comme s'il était aux tiens et ne les a plus quittés. Il a beaucoup pleuré, beaucoup supplié et gardé un long silence ; en un mot, il m'a convaincu de la sincérité de ses regrets ; je crois vraiment qu'il s'est amendé, parce qu'il reconnaît sa faute. Tu es furieux, je le sais, et avec raison, je le sais aussi. Mais plus on a raison d'être furieux, plus on a de mérite à pardonner. Tu as aimé cet homme et, je l'espère, tu l'aimeras encore ; il suffit pour l'instant que tu te laisses fléchir. Tu auras tout loisir d'être furieux s'il le mérite : et, après t'être laissé fléchir, tu n'en auras que plus d'excuses. Fais une concession à sa jeunesse, à ses larmes, à ton indulgence. Ne le tourmente pas, ne te tourmente plus non plus, car la colère ne peut être qu'un tourment pour un homme aussi doux que toi.

Je crains que tu ne penses que je fais pression, que je ne me contente pas de demander, si je joins mes prières aux siennes. Je le ferai cependant, et avec d'autant plus de liberté et d'aisance que je l'ai grondé avec vivacité et sévérité – puisque je l'ai menacé fermement de ne pas intervenir pour lui une seconde fois. Mais cela, si je le lui ai dit, à lui (il fallait bien que je l'impressionne), je ne te le dirai pas : il se peut que je fasse encore une prière en sa faveur et que j'obtienne ce que je demande, pour autant qu'il me convienne de le demander et qu'il te convienne de l'exaucer.

IX

24

à Sabinianus

Tu as bien fait d'ouvrir ton cœur et ta maison, ma lettre aidant, à l'affranchi que tu as eu en amitié. Tu en seras heureux ; ce qui est sûr, en tout cas, c'est que je le suis déjà ; je vois bien que tu es capable de te laisser fléchir et d'écouter des conseils, même en colère, et que tu m'estimes assez pour que j'aie de l'influence sur toi ou, si tu préfères, pour entendre mes prières. Je t'en félicite et t'en sais gré. Mais, en même temps, un conseil pour l'avenir : montre-toi clément pour les fautes de tes serviteurs même si personne ne vient intercéder en leur faveur.

V

TERROIR

II

8

à Caninius

Alors ? L'étude ? La pêche ? La chasse ? Quelle est ton occupation ? Tout à la fois ? Car on peut faire tout à la fois sur les bords de notre cher lac de Côme. Ses eaux regorgent de poisson, les forêts environnantes sont pleines de gibier, et tout est sujet à rêverie dans la profondeur de la retraite. Mais que tu te livres à toutes ces occupations à la fois ou à une seule d'entre elles, je ne peux pas dire que je t'envie. Seulement je suis triste que me soient refusés ces plaisirs après lesquels je soupire comme le malade après le vin, les bains ou les sources. Pourrai-je jamais, sinon défaire, au moins rompre ces liens qui m'entravent ? J'en doute. Aux affaires déjà anciennes s'ajoutent de nouvelles avant même que j'en aie terminé avec les premières. Tout se noue, tout s'enchaîne, et je vois grandir de jour en jour la horde de mes tracas.

II

15

à Valérianus

Et tes vieux Marses [24] ? Et tes nouvelles acquisitions ? Ces terres te plaisent-elles autant depuis qu'elles sont à toi ? Ce serait extraordinaire : on n'éprouve pas le même plaisir à posséder qu'à désirer. Le domaine de ma mère me donne du mal mais il me vient de ma mère, et je l'aime. Du reste, une longue patience m'a endurci. Les plaintes continuelles n'aboutissent qu'à nous faire honte de nous plaindre.

IV

6

à Julius Naso

J'apprends que la grêle a fait de grands ravages dans ma propriété de Toscane et qu'au-delà du Pô les récoltes ont été abondantes mais les prix proportionnellement bas. Je n'ai donc que mon domaine des Laurentes qui puisse me rapporter quelque chose. Je ne possède là, c'est vrai, qu'une maison, un jardin et puis du sable ; ce sera pourtant ma seule source de revenu. Car j'y écris beaucoup et, à défaut de la terre que je n'ai pas, c'est moi-même que j'y cultive par mon travail. Et je peux même déjà te montrer, comme ailleurs des granges pleines, ici, un étui plein de manuscrits !

Fais comme moi : si tu cherches un domaine où la récolte soit sûre et abondante, achète donc sur la côte [25].

IV

30

à Licinius Sura

Je t'ai apporté un petit cadeau de mon pays : c'est une question tout à fait digne de l'érudition que l'on te connaît. Une source naît dans la montagne, descend à travers les rochers pour arriver à une petite grotte artificielle où l'on peut pique-niquer. Elle s'y arrête un instant puis se jette dans le lac de Côme. Elle a une curieuse propriété : trois fois par jour, elle se remplit et se vide par des flux et reflux réguliers. Tout le monde peut le constater, c'est un vrai plaisir des yeux. On s'assied sur le bord pour dîner et l'on boit l'eau puisée à même la source – qui est très fraîche ! – tandis qu'elle monte et descend à intervalles fixes et réguliers. Place un anneau ou n'importe quel autre objet sur le sec, peu à peu l'eau le baigne et finit par le couvrir. Puis elle le découvre et lentement l'abandonne. Si tu observes assez longtemps tu verras deux ou trois fois de suite ce va-et-vient de l'eau.

Est-ce un courant d'air souterrain qui ouvre puis ferme l'orifice et le canal de la source, qui les bouche quand il s'y engouffre et les libère quand il reflue ? Nous constatons le même phénomène dans les petites amphores et autres vases dont le goulot étroit ne laisse pas le liquide s'écouler tout de suite. Même quand on les penche, qu'on les renverse, il se produit de véritables arrêts dus à la résistance de l'air, et le liquide s'écoule avec des sanglots répétés. Ou bien ce qui se passe pour l'océan se passerait-il aussi pour cette source et le même cours des marées contraindrait-il ce filet d'eau à s'arrêter et à couler tour à tour ? Ou encore, comme les fleuves qui se jettent dans la mer sont refoulés sous l'action des vents contraires ou de la marée montante, y a-t-il quelque force qui fasse reculer cette source ? Et si les canaux secrets avaient une capacité déterminée et que le ruisseau devienne plus faible et plus lent quand ils récupèrent ce qu'ils ont versé, ou plus rapide et plus abondant une fois qu'ils ont récupéré cette eau ? A moins qu'il existe je ne sais quelle bonde souterraine et invisible qui réveille et fasse jaillir la source, quand elle se vide, puis l'interrompe et l'arrête, quand elle est remplie ? A toi de chercher les causes de ce phénomène étrange : tu en as tout à fait les moyens. Quant à moi, je me contenterai d'avoir seulement réussi à te décrire ce qui se passe.

V

6

à Domitius Apollinaris

J'ai été très sensible au soin que tu prends de moi et à l'inquiétude qui est la tienne : tu as appris que je devais me rendre dans ma villa de Toscane et tu me conseilles de n'en rien faire, car tu la juges peu salubre. L'air est lourd et malsain, il est vrai, sur la partie de la côte qui borde immédiatement la mer. Mais ma villa en est éloignée et située au pied même de l'Apennin où l'air est meilleur que dans aucune autre montagne. D'ailleurs, pour que tu n'aies plus de crainte à mon sujet, je vais te dire la nature du climat, la situation du pays, le charme de la villa : tu auras autant d'agrément à lire cette description que moi à l'écrire.

Le climat y est froid en hiver, il y gèle. Aussi n'y trouve-t-on ni myrtes, ni oliviers, ni plantes qui se plaisent à une température toujours douce, mais le laurier y résiste, il y est même splendide ; parfois il meurt, mais c'est le cas aussi dans la région de Rome. L'été y est d'une douceur étonnante. Toujours quelque souffle agite l'air, et c'est plus souvent la brise que le vent. Aussi y voit-on beaucoup de personnes âgées, grands-pères, arrière-grands-pères d'hommes déjà mûrs. Vieilles histoires, propos d'ancêtres y ont libre cours et, quand on pose le pied dans ce lieu, on se croirait à une autre époque.

Le pays est magnifique. Imagine-toi un amphithéâtre immense, comme seule la nature peut en faire, une vaste plaine entourée de montagnes, elles-mêmes couronnées de hautes et antiques futaies où le gibier est abondant et varié. De là, des taillis descendent sur les pentes montagneuses. Au milieu, les grasses collines à la bonne terre (car il est difficile d'y trouver le rocher, même en cherchant) rivalisent de fertilité avec la plaine la plus égale, et les moissons y parviennent à pleine maturité, même si elles sont plus tardives. En dessous, sur chaque versant, s'étendent les vignes qui s'entrecroisent pour former un tapis uniforme. A leurs limites, au pied de la colline, poussent des bouquets d'arbres qui font comme une bordure. Puis ce sont des prairies et des champs de blé que seules peuvent retourner les charrues les plus solides tirées par des bœufs énormes. Dans ce sol trop compact, se forment de telles mottes, au premier labour, qu'il en faut encore neuf pour les rendre friables. Les prairies émaillées de fleurs produisent du trèfle et d'autres herbes toujours tendres et fraîches comme du foin nouveau, car des ruisseaux intarissables les alimentent. Nul marécage, cependant, malgré l'abondance de l'eau : la terre en pente déverse dans le Tibre l'eau qu'elle a reçue sans pouvoir l'absorber. Ce fleuve, qui est navigable, traverse la campagne et transporte à la ville les produits de la terre, du moins en hiver et au printemps ; son niveau baisse en été et son lit asséché lui fait perdre le nom de fleuve qu'il retrouve en automne. En contemplant cette région depuis la montagne, tu prendras le plus grand plaisir. Plutôt que des terres, c'est un tableau merveilleux que tu croiras découvrir. Cette variété et cette disposition charment le regard où qu'il se pose.

La villa, au pied de la colline, a la même vue que si elle était au sommet. On s'élève par une pente si insensible, si douce, qu'on ne s'aperçoit qu'après coup que l'on a gravi une côte. L'Apennin se trouve derrière, mais assez loin. La villa en reçoit les brises, même les jours les plus clairs et les plus calmes, mais elles sont sans violence, sans excès, amorties, épuisées par leur longue course. Elle est en grande part exposée au midi et, dès la sixième heure en été – en hiver beaucoup plus tôt –, elle invite le soleil sous sa colonnade un peu en saillie, large et longue en proportion. Elle comporte beaucoup de pièces, et même un atrium à l'ancienne. Devant la colonnade, une terrasse est découpée en plates-bandes par des bordures de buis étrangement disposées, puis un coussin de verdure descend en pente douce, où le buis dessine des figures d'animaux qui se font face. Dans la partie plane se trouve un parterre d'acanthe si tendre qu'on dirait de l'eau. Une allée l'entoure, bordée d'arbustes verts tenus bas et taillés avec fantaisie. De là part une promenade en forme de piste autour de massifs de buis de toutes formes et d'arbrisseaux que l'on empêche de grandir. Le tout est enclos d'un mur de pierres sèches que les buis taillés en pente couvrent et cachent. Puis une prairie dont la beauté naturelle n'a d'égal que l'art des parties précédentes, puis des champs, puis encore des prairies et des arbres en bouquets.

Au bout de la colonnade, une salle à manger fait saillie. De la porte, on voit l'extrémité de la terrasse, la prairie qui la borde et une belle étendue de campagne. Des fenêtres, on découvre un des côtés de la terrasse, l'avancée de la villa et le vert bosquet de l'hippodrome qui la jouxte. A peu près en face du milieu de la colonnade, un appartement est un peu en retrait ; il entoure une petite cour ombragée de quatre platanes. Au milieu, dans un bassin de marbre, une eau jaillit qui rafraîchit d'une rosée légère le cercle de platanes et les arbustes qui sont au-dessous. Dans la chambre à coucher, n'entrent ni jour, ni bruits, ni voix. La salle à manger de tous les jours, qui la touche, sert aussi à recevoir les amis. Elle donne d'un côté sur la petite cour dont je viens de parler, de l'autre sur le paysage que l'on voit de la colonnade. Il y a aussi une autre chambre qu'un platane tout proche recouvre de verdure et d'ombre ; elle est ornée de marbre jusqu'à hauteur d'appui et, ne le cédant en rien à la beauté du marbre, une peinture représente des branches où sont perchés des oiseaux. Une petite fontaine avec son bassin et, tout autour, plusieurs petits tuyaux font dans cette pièce un délicieux murmure.

Au coin de la colonnade, une immense pièce fait face à la salle à manger. Les fenêtres donnent soit sur la terrasse, soit sur la prairie, mais, d'abord, sur une piscine qui, juste au-dessous, charme les oreilles et les yeux : l'eau tombe de haut dans un bassin de marbre où elle blanchit d'écume. Cette pièce est tiède en hiver parce qu'elle est inondée de soleil. Elle touche au chauffage souterrain dont la chaleur, quand le temps est nuageux, remplace celle du soleil. Puis on passe dans le vestiaire des bains, spacieux et gai, et à la salle du bain froid où se trouve un grand bassin ombragé. Si l'on désire un bain plus grand pour nager, ou plus chaud, il y a une piscine dans la cour et, à côté, un puits pour se rafraîchir quand on est las de chaleur. A côté du bain froid, le bain tiède où le soleil s'offre généreusement – mais moins que dans la salle des bains chauds qui est en saillie. Elle contient trois baignoires où l'on descend par des marches : deux reçoivent le soleil, la troisième non, mais elle est très claire . Au-dessus du vestiaire est un jeu de paume qui peut servir à plusieurs sortes d'exercices et contenir plusieurs équipes. Non loin des bains, un escalier qui conduit à une galerie voûtée passe par trois appartements. L'un donne sur la petite cour des quatre platanes, l'autre sur la prairie, le troisième sur les vignes, mais jouit de perspectives opposées.

Une chambre se trouve au bout, sur la galerie même : elle regarde l'hippodrome, les vignes, les montagnes. Une autre est contiguë, bien exposée au soleil, surtout en hiver. Là commence un bâtiment qui relie l'hippodrome à la villa. Voilà l'aspect et la répartition des pièces de la façade. Sur le côté, une galerie voûtée, pour l'été, court sur un terrain élevé d'où l'on croirait non pas apercevoir mais toucher les vignes. En son milieu, une salle à manger reçoit des vallées de l'Apennin une brise très saine ; elle laisse entrer les vignes par les larges fenêtres de derrière, par des portes à battants aussi, mais à travers la galerie. Sur le côté de cette salle à manger sans fenêtres, monte un escalier pour le service des grands dîners. Au bout se trouve une chambre avec, sur la galerie, une vue aussi jolie que sur les vignes. Au-dessous, une autre galerie presque souterraine. En été, elle garde, à l'intérieur, une fraîcheur qui lui suffit bien : elle se passe de courant d'air. Après ces deux galeries voûtées, du côté où finit la salle à manger, commence une colonnade où c'est l'hiver le matin et l'été l'après-midi. Elle conduit à deux appartements dont l'un a quatre chambres, l'autre trois, et qui jouissent tour à tour de la lumière et de l'ombre, suivant le cours du soleil.

Cette agréable disposition des bâtiments n'est rien à côté du charme de l'hippodrome. Il est découvert au milieu de sorte qu'en entrant on l'embrasse d'un seul coup d'œil ; il est entouré de platanes dont la cime verdoie par leur propre feuillage et le tronc par un feuillage d'emprunt – le lierre, qui se promène sur les troncs et les branches, reliant de ses guirlandes les platanes voisins. Des buis poussent entre ces arbres. Ceux de la rangée extérieure sont entourés de lauriers qui marient leur ombre à celle des platanes. L'allée droite qui borde l'hippodrome se termine par un hémicycle et change d'aspect : elle est entourée et couverte de cyprès dont l'ombre, plus épaisse, donne plus de fraîcheur et d'obscurité ; les allées circulaires de l'intérieur (car il y en a plusieurs) reçoivent une lumière très claire. Aussi, même des roses y poussent et, avec bonheur, le soleil y joue avec la fraîcheur de l'ombre ; après d'innombrables détours, l'allée redevient droite mais non plus unique : elle se divise en plusieurs chemins séparés par des buis. Ici, le gazon, là, le buis même, forment mille figures, quelquefois des lettres qui disent soit le nom du maître, soit celui du jardinier ; alternativement se dressent de petites bornes et des arbres fruitiers ; au milieu de ce raffinement de la ville apparaît tout à coup l'image de la campagne. L'intérieur est orné d'une double rangée de petits platanes. Derrière eux, courent de part et d'autres l'acanthe luisante et souple, puis des figures et des noms. A l'extrémité, un lit de table [26] en marbre blanc est abrité par une treille que soutiennent quatre petites colonnes en marbre de Caryste. De sous ce lit, s'écoule de l'eau comme si le poids de ceux qui y prennent place la faisait jaillir ; des tuyaux la versent sur une dalle creusée, un élégant bassin de marbre la retient et, grâce à un écoulement invisible, reste plein sans déborder. On pose sur son bord le plateau des entrées et les plats les plus lourds ; les plus légers y flottent dans des corbeilles en forme de petits bateaux et d'oiseaux. En face, une fontaine donne et recueille de l'eau, car cette eau, lancée en l'air, retombe sur elle-même, engloutie puis propulsée par un tuyau qui relie les deux ouvertures. En face du lit de table, un petit pavillon lui donne autant d'agrément qu'il en reçoit. Son marbre le fait resplendir ; ses portes forment une avancée qui se termine dans la verdure. De ses fenêtres supérieures et inférieures, il voit d'en haut ou d'en bas d'autres verdures. Puis une alcôve semble à la fois faire partie de la chambre et en être séparée. Elle a un lit et des fenêtres tout autour ; cependant la lumière y est tamisée par l'ombre qui l'environne, car la treille épaisse s'étend sur tout le toit, court et monte jusqu'au faîte. On se croirait couché dans un bois, si ce n'est qu'on n'y sent pas la pluie. Là aussi une source naît et se perd. En plusieurs endroits, sont disposés des sièges de marbre qui, comme le petit pavillon, accueillent les promeneurs fatigués. A côté des sièges se trouvent de petites fontaines ; dans tout l'hippodrome murmurent des ruisseaux amenés par des tuyaux qui, au gré de la main qui les guide, arrosent tantôt un massif, tantôt un autre, parfois tous en même temps.

J'aurais depuis longtemps évité de paraître trop méticuleux, si je ne m'étais proposé de parcourir avec toi, dans cette lettre, tous les recoins de ma villa. Je n'ai pas craint de te lasser par cette description puisque tu ne l'aurais pas été par la visite, d'autant moins que tu pouvais, s'il te plaisait, laisser là ma lettre, interrompre la lecture comme on interrompt une promenade en s'asseyant souvent. J'ajoute que j'ai cédé à mon inclination, car j'aime les ouvrages que j'ai en grande partie commencés moi-même ou que j'ai parfaits quand ils étaient déjà commencés. Après tout – je ne vois pas pourquoi je ne te dirais pas mon idée ou, si tu veux, mon erreur –, j'estime que le premier devoir d'un écrivain est de bien lire son titre, de se demander sans cesse quel sujet il est en train de traiter et de savoir que, s'il s'attarde à le développer, il n'est jamais long, alors que c'est être très long que de faire des ajouts ou des digressions. Rappelle-toi combien de vers Homère ou Virgile consacrent à la description des armes, l'un d'Achille, l'autre d'Énée. Ils sont brefs cependant tous les deux parce qu'ils font ce qu'ils s'étaient proposé. Rappelle-toi avec quel soin Aratus énumère jusqu'aux moindres étoiles, sans rien oublier ; il observe cependant la mesure, il n'est pas hors sujet, car c'est son sujet même. Ainsi de moi – pour comparer le petit au grand. Si, en essayant de mettre sous tes yeux ma villa tout entière, je ne me suis pas égaré à parler d'autre chose, ce n'est pas ma lettre, mais la villa qu'elle décrit, qui s'étend. Mais je reviens à mon point de départ pour ne pas être condamné, avec justice et au nom de mes propres principes, si je prolonge trop cette digression.

Tu sais maintenant pourquoi je préfère ma villa de Toscane à mes propriétés de Tusculum, de Tibur et de Préneste. Car, en plus des avantages que je viens de te dire, il y règne le calme le plus profond, le plus complet – celui où l'on oublie tous les soucis. Nul besoin de prendre la toge, personne d'importun dans le voisinage, rien que la paix et le repos ; et ce calme contribue à la salubrité du pays autant que la pureté du ciel et la limpidité de l'air. C'est là que je me porte le mieux intellectuellement et physiquement ; car j'exerce mon esprit par l'étude et mon corps par la chasse. Mes serviteurs aussi se portent mieux ici que nulle part ailleurs. Je n'ai perdu jusqu'à ce jour aucun de ceux que j'avais amenés avec moi (je touche du bois !). Puissent les dieux me garder cette joie et au pays ce privilège !

VIII

8

à Romanus

As-tu déjà vu la source du Clitumne ? Si tu ne l'as pas encore vue – comme je le crois, autrement tu m'en aurais parlé – va la voir. C'est ce que je viens de faire et j'ai regretté d'avoir tant tardé.

Une modeste colline s'élève, boisée et ombragée de vieux cyprès. A son pied jaillit la source, qui se partage en plusieurs ruisseaux de taille inégale. Après son bouillonnement initial, l'eau, transparente comme le verre, se répand en un large bassin : on pourrait compter les pièces qu'on y a jetées et les cailloux qui y brillent. Dès lors, ce n'est pas la pente qui l'entraîne, mais l'importance de son débit. C'est encore une source et pourtant c'est déjà une rivière imposante, navigable ; elle offre un passage aux bateaux, même quand ils se font face en se croisant. Son courant est si fort qu'ils n'ont pas besoin de rames pour la descendre, bien que le lit soit plat, et ils ont beaucoup de mal à la remonter en dépit des rames et des gaffes. C'est un vrai plaisir pour le canoteur qui veut se détendre ou s'amuser de passer de l'effort au repos et du repos à l'effort, simplement en changeant de direction.

Les rives sont couvertes d'une multitude de frênes et de peupliers dont on peut dénombrer les verts reflets dans l'eau claire comme si les arbres y étaient plongés. L'eau est aussi froide, aussi éclatante que la neige. Non loin, se trouve un temple ancien et vénéré où se dresse la statue du dieu Clitumne revêtu et orné de la toge prétexte. Sa présence et son pouvoir prophétique sont attestés par les oracles qui y sont écrits. Tout autour, sont disséminés plusieurs petits sanctuaires et autant de dieux. Chacun a son culte, son nom, certains même ont leurs sources ; car, en plus de la source-mère, il en est d'autres, plus petites, qui ont leur origine distincte et rejoignent ensuite la rivière. Le pont qui la surplombe délimite la partie sacrée et la partie profane de son cours : en amont on peut naviguer, en aval on peut aussi se baigner. Les habitants de Spello, auxquels l'empereur Auguste avait donné ce site en cadeau, offrent des bains aux frais de la ville, ainsi que l'hospitalité. Beaucoup de villas se sont installées sur les rives à cause du charme de la rivière.

Rien, en somme, qui ne puisse te séduire : tu pourras étudier aussi nombre d'inscriptions laissées sur chaque colonne, sur chaque mur, par une foule de gens qui célèbrent la source et son dieu. Tu en admireras plus d'une, d'autres te feront rire ; ou plutôt non, tu es trop bien élevé pour en rire.

IX

15

à Falco

J'ai élu refuge dans ma villa de Toscane pour être libre de faire ce qu'il me plaît. Mais, même là, je n'y parviens pas ; je suis dérangé par les paysans venus de tous côtés m'apporter leurs pétitions pleines de doléances ! Je les lis encore plus à contre-cœur que mes propres écrits que je n'ai pourtant pas envie de lire non plus. Je revois certains discours mineurs, ce qui, après tout ce temps, m'apparaît fade et pénible. Mes comptes ne sont pas à jour : c'est comme si je n'étais pas venu ! De temps à autre, je prends mon cheval et je joue au propriétaire, mais seulement en faisant un petit tour en guise de promenade. S'il te plaît, ne perds pas l'habitude d'envoyer au campagnard que je suis des nouvelles de la ville.

IX

16

à Mamilianus

Tu as pris le plus grand plaisir à remporter, à la chasse, le succès dont tu parles, puisque tu écris, comme un historien, qu'on n'a pu dénombrer ce que tu as rapporté ! Je n'en suis pas étonné. Personnellement, je n'ai ni le temps, ni l'envie de chasser. Je n'en ai pas le temps puisque je suis en pleines vendanges et je n'en ai pas envie puisqu'elles ne sont pas bonnes.

En guise de vin nouveau, je rapporterai ma grappe de poèmes et, comme tu as la gentillesse de me le demander, quand je trouverai qu'ils ont assez de suc, je te les enverrai.

IX

36

à Fuscus

Tu veux savoir comment j'organise ma journée, l'été, dans ma villa de Toscane. Je me réveille quand il me plaît, d'ordinaire au lever du soleil, souvent plus tôt, rarement plus tard. Mes fenêtres restent fermées car, dans le silence et l'obscurité, je me sens admirablement détaché de toute distraction, libre et laissé à moi-même ; ce ne sont pas mes yeux qui guident ma réflexion, c'est ma réflexion qui guide mes yeux : quand ils ne peuvent rien percevoir d'autre, ils ne voient que ce que voit mon esprit. Si j'ai quelque ouvrage en cours, j'y travaille par la pensée, j'écris ou je corrige de tête, tantôt plus, tantôt moins, selon que le texte a été plus ou moins facile à composer et à retenir. Puis j'appelle mon secrétaire et, après avoir fait entrer le jour, je lui dicte ce que j'ai mis en forme. Il s'en va, je le rappelle, puis je le renvoie encore. Trois ou quatre heures après (car je ne mesure pas avec précision les instants qui passent), selon le temps qu'il fait, je me rends sur le terrasse ou sous la galerie voûtée et je continue à réfléchir et à dicter. Je pars en voiture. Même activité à la promenade ou sur mon lit : mon attention ne se relâche pas, à nouveau stimulée par le changement. Je fais un somme, puis je me promène ; je lis ensuite un discours grec ou latin, haut et fort, non pas tant pour ma voix que pour mon bien-être, encore que l'un et l'autre y trouvent leur compte. Je me promène encore, je me fais masser, j'exerce mon corps, je prends un bain. Pendant que je mange, seul avec ma femme ou en compagnie restreinte, on me lit un livre ; après le dîner, nous écoutons un acteur ou un joueur de lyre, puis je me promène avec mes serviteurs qui, pour certains, sont des gens cultivés. Ainsi la soirée se prolonge en discussions variées et les jours les plus longs passent vite.

Quelquefois, je change un peu mon programme. Car, si je suis resté trop longtemps au lit ou à la promenade, après ma sieste et la lecture, je sors non pas en voiture, mais à cheval : c'est plus rapide et cela prend moins de temps. Des amis, qui viennent des villes voisines, me prennent une partie de ma journée et me rendent parfois le service de m'interrompre, quand je suis fatigué. Parfois, je vais chasser, mais jamais sans mes tablettes, afin de rapporter quelque chose, même bredouille. Puis, j'accorde aussi du temps à mes paysans, trop bref à leurs yeux, et leurs plaintes me font regretter la littérature et les travaux qui nous occupent à la ville.

VI

LES OMBRES ET LES SONGES

I

18

à Suétone

Tu me dis dans ta lettre que tu crains l'échec de ton plaidoyer à cause d'un rêve qui t'a épouvanté. Tu me demandes de réclamer un délai et de t'excuser pour quelques jours, au moins pour la prochaine séance. C'est difficile, mais je vais essayer :

Car c'est de Zeus qu'un songe nous vient [27].

Il convient cependant de se demander si, oui ou non, d'habitude, tu vois en songe ce qui va se produire. Lorsque je repense à l'un de mes rêves, il me semble que celui qui te fait si peur annonce en fait un plaidoyer remarquable.

Je m'étais chargé de la cause de Junius Pastor quand, dans mon sommeil, ma belle-mère m'est apparue, se jetant à mes genoux pour me supplier de ne pas plaider. Or, j'étais tout jeune encore et il le fallait : plaider devant les quatre tribunaux réunis, contre ceux qui avaient le pouvoir dans la cité, et même contre les amis de l'empereur ! Après un rêve aussi funeste, un seul de ces éléments aurait pu me faire perdre la tête. Je plaidai tout de même en me disant :

Défendre sa patrie est un excellent présage à lui seul[28].

Car mon engagement me semblait une patrie, et même plus, si c'est possible ! Or, tout se passa bien : ce plaidoyer m'ouvrit les oreilles des hommes et les portes de la renommée.

Vois si, d'après cet exemple, tu ne pourrais pas interpréter en bonne part le rêve que tu viens de faire. Si, au contraire, tu accordes plus de crédit au conseil de la prudence : « Dans le doute abstiens-toi », dis-le moi par retour de courrier. Je trouverai un expédient quelconque et plaiderai ta cause pour que tu puisses plaider celle que tu as en charge quand tu le décideras. Ta position est en effet différente de la mienne à cette époque : les affaires jugées par les centumvirs ne peuvent être renvoyées, la tienne oui, même si c'est difficile.

VII

27

à Licinius Sura

J'ai tout mon temps pour apprendre et toi pour m'enseigner. Et je voudrais vraiment savoir si tu crois que les fantômes existent, ont une forme qui leur soit propre, un pouvoir surnaturel, ou s'ils n'ont ni consistance ni réalité et ne doivent leur représentation qu'aux frayeurs qui sont en nous. C'est surtout l'histoire que j'ai entendue sur Curtius Rufus qui me pousse à croire à leur existence.

Il n'était encore qu'un obscur, un inconnu, attaché à la suite du nouveau gouverneur d'Afrique. Un soir qu'il se promenait sous la colonnade de sa maison, une figure de femme lui apparut, d'une taille et d'une beauté surnaturelles. Il en fut terrorisé. Elle lui dit qu'elle était l'Afrique, venue pour lui prédire l'avenir : il irait à Rome, gravirait les honneurs et reviendrait pour exercer le pouvoir suprême dans cette province, où il mourrait. Tout se réalisa. L'histoire dit encore qu'à son arrivée à Carthage, au moment où il débarquait, la même figure vint à sa rencontre sur le rivage. Et, lorsqu'il tomba malade, il augura de l'avenir par le passé et de son malheur par le bonheur prédit : il désespéra de guérir alors qu'aucun de ses proches n'avait perdu espoir.

Que te semble maintenant de l'histoire qui va suivre et que je te raconterai telle qu'on me l'a narrée ? N'est-elle pas plus surprenante encore et plus terrible ?

Il y avait à Athènes une maison vaste et spacieuse mais qui passait pour maudite. Dans le silence de la nuit, on y entendait un bruit métallique ; à mieux écouter un cliquetis de chaînes qui se rapprochait. Apparaissait alors un spectre : un vieillard émacié, en haillons, à la longue barbe et aux cheveux hérissés. Il avait des entraves aux pieds et, aux mains, des fers qu'il agitait. Les habitants passaient des nuits d'angoisse où la crainte les tenait éveillés. Ils tombaient malades car ils ne dormaient plus et mouraient à force d'avoir peur. Leurs yeux voyaient sans cesse cette figure, même la journée, après qu'elle avait disparu, et leur crainte persistait même sans objet. La maison fut désertée, condamnée à rester vide, abandonnée tout entière au fantôme. On la mit par voie d'affiche à louer ou à vendre, au cas où il se trouverait quelqu'un qui ne sût rien de la malédiction.

Le philosophe Athénodore vint à Athènes, lut l'affiche en question : le prix modique de la maison éveilla sa méfiance, il se renseigna et apprit tout. Mais, loin d'être découragé, il ne la loua que plus volontiers. Au crépuscule, il se fit installer un lit à l'avant de la maison, réclama de quoi écrire et de la lumière. Il renvoya tous ses serviteurs dans les pièces du fond. Lui-même réserva à l'étude toute son attention, tous les efforts de ses yeux et de sa main, afin que son esprit fût toujours occupé et n'allât pas lui représenter les fantômes dont il avait entendu parler ou d'autres craintes imaginaires. D'abord, il n'y eut, comme ailleurs, que le silence de la nuit. Puis des coups sur le métal, des chaînes qui remuaient. Il ne leva pas les yeux, continua à écrire et renforça son attention pour combattre ses perceptions. Alors le bruit augmente, s'approche de plus en plus, retentit maintenant sur le seuil, puis à l'intérieur. Il se retourne et reconnaît l'apparition qu'on lui avait décrite. Elle était là, debout, lui faisant signe du doigt comme pour l'appeler. A son tour, il lui fait signe, de la main, d'attendre un peu, et se remet à ses notes. Mais elle se met à faire tinter ses fers au-dessus de sa tête pendant qu'il écrivait. Il se retourne à nouveau et voit l'apparition lui faire encore une fois le même signe. Sans plus attendre, il prend la lumière et la suit. Elle allait d'un pas lent, comme alourdie par ses chaînes. Après avoir tourné pour aller dans la cour, elle s'évanouit, le laissant seul. Il cueillit alors des herbes et des feuilles pour marquer l'endroit où elle l'avait quitté. Le lendemain, il alla trouver les magistrats et leur conseilla de faire creuser à cet emplacement. On y découvrit des os mêlés à des fers, que les chairs pourries par la terre et le temps avaient abandonnés aux chaînes, nus et rongés. L'État les fit recueillir et enterrer. De ce jour, la maison fut délivrée des Mânes, qui avaient été ensevelis selon les règles.

Pour ces deux histoires, je fais confiance, je le reconnais, au témoignage d'autrui. Mais je puis répondre moi-même de ce qui va suivre. J'ai un affranchi qui ne manque pas d'instruction. Son jeune frère et lui dormant dans le même lit, il lui sembla voir quelqu'un, assis sur sa couche, qui approchait les ciseaux de sa tête et lui coupait les cheveux du dessus. Quand le jour revint, on vit en effet qu'il était tondu au sommet du crâne et qu'il y avait des cheveux par terre. Peu après, un fait semblable vint confirmer le premier. Un jeune esclave raconta qu'il était couché avec d'autres dans la pièce qui leur était réservée, quand deux hommes vêtus de blanc entrèrent par la fenêtre, coupèrent ses cheveux, puis repartirent par où ils étaient venus. La lumière du jour révéla que son crâne avait été, lui aussi, tondu et que des cheveux étaient disséminés autour du lit. Rien de remarquable ne s'ensuivit si ce n'est, peut-être, que je n'ai pas été mis en accusation comme je l'aurais été si Domitien, sous le règne de qui ces faits se produisirent, avait vécu plus longtemps. On trouva en effet dans ses papiers un document que Carus lui avait remis contre moi. On peut penser, d'après la coutume qui veut que les accusés laissent pousser leurs cheveux, que ces coupes faites à mes serviteurs étaient le signe que le danger qui me menaçait était écarté.

Je te demande donc d'appliquer toute ta science à cette question. Elle mérite que tu passes beaucoup de temps à l'examiner avec attention et, moi aussi, je mérite de bénéficier de tes connaissances. Tu peux, comme à ton habitude, peser le pour et le contre, mais essaie de trancher, ne me laisse pas en suspens ou dans l'incertitude : c'est pour cesser de douter que je t'ai consulté.

VII

MORALE ET POLITIQUE

IV

25

à Mésius Maximus

Je t'ai dit dans ma lettre que le scrutin secret risquait de donner lieu à des abus. C'est chose faite. Dans les derniers comices, on a trouvé, sur certaines tablettes de vote, quantité de plaisanteries et même d'obscénités et, sur l'une d'elles, à la place des noms des candidats, les noms de ceux qui favorisaient leur candidature. Le sénat s'est alors enflammé et a appelé sur l'auteur de ces inscriptions la vindicte du prince. L'auteur en question s'est fait très discret. On n'a pas su qui c'était : peut-être, d'ailleurs, était-il de ceux qui s'indignaient. Que peut-on légitimement penser de l'attitude, dans le privé, d'un pareil homme qui se permet de telles stupidités dans une affaire si importante, dans une circonstance si sérieuse, qui, en plein sénat, fait le spirituel, joue au malin et se moque de tout ? Voilà le sans-gêne auquel ces individus sans principes sont conduits quand ils espèrent l'incognito ! On demande des tablettes, on prend le stylet en baissant la tête et, au mépris du monde et de soi-même, on se livre à des bouffonneries dignes de la scène et des tréteaux. Vers quoi se tourner ? Quels remèdes apporter ? Partout les maux sont plus forts que les remèdes. Mais « cela regarde le pouvoir au-dessus de nous », dont nous alourdissons la tâche quotidienne par ce genre d'âneries d'une impudence débridée.

VIII

14

à Aristo

. . . .

Dans l'ancien temps, c'était une coutume bien établie d'apprendre de ses aînés, en les regardant vivre et en écoutant leurs conseils, les usages que l'on devait ensuite mettre en pratique soi-même et transmettre à son tour à ses cadets. Ainsi les jeunes gens commençaient leur formation avec le service militaire, s'habituaient à commander en obéissant et à diriger en suivant les autres. Ceux qui prétendaient aux honneurs se tenaient aux portes du sénat et assistaient aux assemblées de l'État avant d'y participer. Chacun avait un maître en la personne de son père ou, s'il n'en avait pas, en celle d'un homme âgé de premier plan qui lui tenait lieu de père. On apprenait par l'exemple (la plus sûre des méthodes d'enseignement) les pouvoirs d'un rapporteur, les droits des votants, l'autorité des magistrats, la liberté des autres membres de l'assemblée, dans quels moments il fallait céder ou tenir bon, quand il fallait se taire, combien de temps parler, comment distinguer entre deux propositions qui s'affrontent, comment introduire un amendement, bref l'ensemble de la procédure sénatoriale.

Pour notre génération, ce n'a pas été la même chose. Nous avons passé bien sûr notre jeunesse à l'armée, mais à un moment où le mérite était suspect, l'inaction prisée, où les chefs n'avaient aucune autorité, les soldats aucun respect, où il n'y avait plus de pouvoir, plus d'obéissance, où tout était relâché, désorganisé, sens dessus dessous ; mieux vaut oublier ces années que les garder en mémoire ! Nous aussi avons assisté aux séances du sénat, mais d'un sénat timoré et muet puisqu'il y était dangereux de dire ce qu'on voulait, et pitoyable de dire ce qu'on ne voulait pas. Qu'est-ce qu'on aurait pu apprendre ? A quoi cela aurait-il servi ? On n'exigeait du sénat que le repos complet ou des crimes sans nom, et on ne le gardait que pour s'en amuser ou le mettre à mal, pour rendre des décrets qui n'étaient jamais sérieux, souvent même affligeants. Et, en devenant sénateurs, nous avons été partie prenante de ces méfaits ; nous les avons vus et subis pendant de longues années, notre esprit en a été pour longtemps émoussé, brisé, mis en pièces. Ce n'est que depuis très peu de temps (plus le temps est heureux, plus il est court, en effet) que nous avons envie de savoir ce que nous sommes et de mettre en pratique ce que nous savons.

....

VIII

24

à Maximus

L'amitié qui nous lie m'amène, plutôt qu'à te donner des leçons (car tu n'as pas besoin de maître), à te demander de garder à l'esprit et de mettre en pratique ce que tu sais. Mieux vaudrait, sinon, ne rien savoir.

Rappelle-toi que tu es envoyé dans la province d'Achaïe, la Grèce authentique et pure où, d'après la tradition, la civilisation, la littérature et même l'agriculture trouvent leur origine ; que tu y es envoyé pour remettre de l'ordre dans la constitution des cités libres, que tu vas vers des hommes – des êtres libres à part entière – qui ont su garder le droit hérité de la nature grâce à leur courage, leur mérite, des alliances, des traités et le sentiment religieux. Respecte les dieux fondateurs et les noms qu'ils portent ; respecte l'ancienne gloire, le temps qui force le respect chez l'homme, qui est sacré dans les cités. Honore l'Antiquité, les actes glorieux, les légendes aussi. Ne touche ni à la dignité, ni à la liberté, ni même à la prétention de personne. Ne perds pas de vue que cette terre nous a légué l'idée de droit, nous a donné nos lois, non par la conquête mais à notre demande ; que c'est Athènes que tu vas voir, Sparte que tu vas régir. Leur enlever l'ombre et le nom de la liberté – qui sont tout ce qui leur reste – serait un acte de cruauté, de brutalité et de barbarie. Regarde les médecins : bien que la maladie soit la même chose pour l'esclave ou l'homme libre, ils traitent celui-ci avec plus de douceur et de compréhension. Souviens-toi de ce que chaque cité a été, sans la mépriser de ne plus l'être. Fi de l'orgueil et de la hargne ! N'aie crainte d'être méprisé. Est-ce qu'on méprise celui qui a le pouvoir suprême, qui détient les faisceaux, à moins qu'il ne soit médiocre, ignoble, et qu'il soit le premier lui-même à se mépriser ? Un pouvoir s'y prend mal quand il tire sa force des outrages qu'il fait subir, quand il veut se faire respecter par la terreur, et l'affection est bien plus efficace que la crainte. La crainte disparaît dès qu'on tourne les talons ; l'affection, elle, subsiste. La première entraîne la haine, la deuxième le respect.

Tu ne dois jamais, je le répète, jamais, oublier ton titre et ce que signifie remettre de l'ordre dans la constitution des cités libres, car rien n'est plus en accord avec l'idée de cité que l'ordre, et rien n'est plus précieux que la liberté. Et quelle honte si l'ordre se change en chaos et la liberté en servitude !

Tu dois en outre être ton propre rival. Tu portes avec toi l'excellente réputation que tu as acquise en Bithynie lors de ta questure, la reconnaissance de l'empereur, ton expérience de tribun, de préteur, et ta mission actuelle qui t'a été confiée à titre de récompense. Tu dois faire ton possible pour ne pas laisser paraître que tu as été plus humain, plus adroit, meilleur dans une province éloignée que près de Rome ; avec des peuples serviles qu'avec des peuples libres ; lorsque tu étais désigné par le sort que quand tu l'es par l'empereur ; au moment où tu étais inconnu, sans expérience, qu'après avoir fait tes preuves et reçu l'approbation de tous. D'ailleurs, comme tu l'as souvent lu ou entendu dire, il est bien plus déshonorant de perdre sa réputation que de ne pas en acquérir.

Je te prie de croire, comme je te l'ai dit au début, que mon intention dans cette lettre n'était pas de te donner des leçons mais de te rappeler tes devoirs – encore que ce soient des leçons aussi. Je ne crains pas que mon affection ne m'entraîne trop loin. Il n'y a pas de risque d'être excessif là où les limites n'existent pas.

X

96

à l'empereur Trajan

Je me suis fait une règle, Seigneur, de te rendre compte de tout ce qui me fait douter : qui peut mieux que toi me guider quand j'hésite, et m'enseigner quand j'ignore ?

Je n'ai jamais participé à aucune instruction contre des chrétiens : je ne sais donc à quels faits et dans quelle mesure s'appliquent habituellement les poursuites ou les peines. Je me demande avec insistance s'il faut faire une différence entre les âges ou s'il faut traiter de la même manière les jeunes et les adultes ; s'il faut pardonner à ceux qui se sont repentis ou si un chrétien ne gagne rien à se dédire quand il l'a vraiment été ; si le simple nom de chrétien doit être puni, même en l'absence de crime, ou s'il faut punir les crimes qu'implique ce nom.

En attendant, voici l'attitude que j'ai adoptée envers ceux qui m'étaient déférés comme chrétiens. Je leur demandais, à eux-mêmes, s'ils l'étaient. Quand ils l'avouaient, je leur posais la question une deuxième et une troisième fois en les menaçant du supplice. S'ils persistaient, je les faisais exécuter. Car, quel que fût le caractère de leurs aveux, j'étais convaincu qu'il fallait punir cet entêtement et cette obstination inébranlables. D'autres, qui étaient citoyens romains, ont montré le même fanatisme : j'ai noté leurs noms sur une liste pour les renvoyer à Rome.

Bientôt, les accusations ont proliféré, comme souvent avec le développement de l'enquête, et plusieurs cas se sont présentés. Une affiche anonyme a été placardée, où figuraient beaucoup de noms. Ceux qui niaient être chrétiens ou l'avoir été, quand ils répétaient après moi la formule invoquant les dieux, qu'ils sacrifiaient par le vin et l'encens à ta statue (que j'avais fait apporter pour la circonstance avec les images des dieux) et qu'en plus ils injuriaient le Christ – toutes choses qu'on ne peut, dit-on, obtenir d'un chrétien authentique –, j'ai cru bon de les relâcher.

D'autres, qui avaient été dénoncés par un indicateur, ont d'abord avoué qu'ils étaient chrétiens puis se sont rétractés, disant qu'ils l'avaient été, bien sûr, mais qu'ils ne l'étaient plus : certains depuis trois ans, d'autres depuis plus, d'autres même depuis vingt ans. Tous ceux-là ont vénéré ta statue et les images des dieux ; ils ont injurié le Christ. Ils affirmaient que leur seule faute – ou leur seule erreur – avait consisté à se réunir régulièrement, à date fixe, avant le lever du jour, pour chanter entre eux, alternativement, un hymne au Christ comme à un dieu, et faire serment non de perpétrer quelque crime mais de ne pas commettre de vols, de brigandages, d'adultère, de ne pas manquer à leur foi, de ne pas nier un dépôt réclamé en justice. Après cette cérémonie, ils avaient coutume de se séparer et de se retrouver à nouveau pour prendre leur nourriture, bien ordinaire et innocente, toutefois. Ces pratiques, ils les avaient même cessées depuis l'édit que j'avais pris, selon tes instructions, pour interdire les hétairies [29]. J'ai cru nécessaire d'avoir recours à la torture pour soutirer des aveux à deux esclaves qu'ils appellent diaconesses. Je n'ai trouvé là qu'une superstition extravagante et démesurée.

Aussi ai-je suspendu l'instruction et me suis-je hâté de te consulter. La question m'a paru digne en effet de ton conseil, surtout à cause du nombre de personnes qui risquent une condamnation. Car un grand nombre d'individus de tous âges, de toutes conditions, des deux sexes aussi, sont menacés. Et cela ne concerne pas seulement les villes : les villages et les campagnes sont gagnés aussi par la contagion de cette superstition ; mais je crois qu'on peut l'arrêter et la guérir.

Il ne fait pas de doute que les temples, qui étaient jusque-là presque abandonnés, recommencent à être fréquentés, que les cérémonies rituelles reprennent après avoir été longtemps interrompues, qu'on vend partout la chair des victimes, qui ne trouvait, jusqu'à aujourd'hui, que très peu d'acheteurs. Il est aisé d'en déduire qu'un grand nombre de gens pourrait être guéri si on laissait place au repentir.

X

97

RÉPONSE DE TRAJAN A PLINE

Tu t'es comporté comme tu le devais, mon cher Pline, dans l'examen des causes de ceux qui t'ont été déférés comme chrétiens, car il est impossible d'établir une règle générale qui ait, pour ainsi dire, une forme fixe.

Il ne faut pas les poursuivre d'emblée. S'ils sont déférés et convaincus de crime, il faut les condamner, à ceci près toutefois : celui qui aura nié être chrétien et aura, dans les faits, donné la preuve manifeste qu'il ne l'est pas, c'est-à-dire en sacrifiant à nos dieux, obtiendra le pardon en récompense de son repentir, même si son passé est suspect.

Quant aux dénonciations anonymes, elles ne doivent être retenues dans aucune accusation : c'est une façon d'agir d'un exemple détestable et qui n'est plus de notre temps.

NOTES

1. Fête qui symbolise le passage du jeune garçon à l'âge adulte. D'abord vers dix-sept ans puis, sous l'Empire, vers quatorze ans, il quitte la toge prétexte, bordée de pourpre, pour prendre la toge des hommes.

2. Lucius Calpurnius Pison, consul en 27. Son fils, proconsul en Afrique, fut tué en 70 par le légat Valérius Festus, jeune ambitieux avec qui il partageait le pouvoir : cet épisode est raconté par Tacite dans les *Histoires*, IV, 50.

3. Tribunal qui jugeait surtout des affaires privées, notamment des affaires d'héritage. Composé originellement de cent juges, il en comptait cent quatre-vingts au temps de Pline ; divisé en quatre chambres qui jugeaient soit ensemble soit séparément. Les centumvirs siégeaient à la basilique Julia, sur le forum.

4. La basilique Julia, où siégeaient les centumvirs.

5. Les sportules : paniers qui contenaient des présents en nature ou de l'argent.

6. Martial partit en 98 pour sa ville natale, Bilbilis, en Espagne, où il mourut en 104.

7. Les centumvirs.

8. Arpinum est la ville natale de Cicéron.

9. Soit le *Dialogue des orateurs*, soit un volume des *Histoires*.

10. *Énéide*, V, 320.

11. Les riches sont entourés de clients, personnages qui appartiennent à la classe moyenne ruinée, sorte de parasites qui attendent leur sportule, tôt le matin, quand ils viennent saluer leur patron à qui ils rendent des services de tous ordres.

12. Voici l'arbre généalogique de cette famille pour laquelle Pline a la plus grande admiration :

Cecina Petus mort en 42 — *Arria* morte en 42

Arria, femme de *Thraséa*, mort en 66

Fannia, seconde femme d'*Helvidius Priscus*
morte en 107 — mort en 75

Helvidius, ami de Pline
tué par Domitien

Helvidia *Helvidia*
les sœurs mortes
en mettant au monde des filles

Helvidius
le jeune homme
resté seul

(Lettre de Pline, IV, 21)

13. Seul le professeur de grec portait le manteau grec. Si Licinianus le revêt c'est parce qu'il est condamné à ne plus porter la toge.

14. Le souverain des pontifes avait pour demeure l'ancien palais des rois où se tenaient encore les séances des pontifes. L'empereur assurait une fonction héritée des rois de l'époque archaïque.

15. Vers 569 d'*Hécube* d'Euripide (en grec dans le texte).

16. Voir note 12.

17. Il s'agit de la ville de Gaule, capitale des Allobroges.

18. Cette lettre, ainsi que III, 16 a inspiré à Montaigne de très belles pages du chapitre 35 du livre II des *Essais* que voici :

Pline le jeune avoit, pres d'une sienne maison, en Italie, un voisin merveilleusement tourmenté de quelques ulceres qui luy estoient survenus és parties honteuses. Sa femme, le voyant si longuement languir, le pria de permettre qu'elle veit à loisir et de pres l'estat de son mal, et qu'elle luy diroit plus franchement que aucun autre ce qu'il avoit à en esperer. Apres avoir obtenu cela de luy et l'avoir curieusement consideré, elle trouva qu'il estoit impossible qu'il en peut guerir, et que tout ce qu'il avoit à attandre, c'estoit de traîner fort long temps une vie douloureuse et languissante : si luy conseilla, pour le plus seur et souverain remede, de se tuer ; et le trouvant un peu mol à une si rude entreprise : Ne pense point, luy dit elle, mon amy, que les douleurs que je te voy souffrir, ne me touchent autant qu'à toy, et que, pour m'en délivrer, je ne me veuille servir moy-mesme de cette medecine que je t'ordonne. Je te veux accompaigner à la guerison comme j'ay fait à la maladie : oste cette crainte, et pense que nous n'aurons que plaisir en ce passage qui nous doit delivrer de tels tourmens : nous nous en irons heureusement ensemble. Cela dit, et ayant rechauffé le courage de son mary, elle resolut qu'ils se précipiteroient en la mer par une fenestre de leur logis qui y respondoit. Et pour maintenir jusques à sa fin cette loyale et vehemente affection dequoy elle l'avoit embrassé pendant sa vie, elle voulut encore qu'il mourust entre ses bras ; mais, de peur qu'ils ne luy faillissent et que les estraintes de ses enlassements ne vinssent à se relascher par la cheute et la crainte, elle se fit lier et attacher bien estroittement avec luy par le faux du corps, et abandonna ainsi sa vie pour le repos de celle de son mary.

Celle-là estoit de bas lieu ; et parmy telle condition de gens il n'est pas si nouveau d'y voir quelque traict de rare bonté,

extrema per illos
Justitia excedens terris vestigia fecit[12].

(C'est chez eux que la justice,
avant de quitter la terre, a fait ses derniers pas))
(Virgile, *Géorgiques)*

Les autres deux sont nobles et riches, où les exemples de vertu se logent rarement.

Arria, femme de Cecinna Pætus, personnage consulaire, fut mere d'un' autre Arria, femme de Thrasea Pætus, celuy duquel la vertu fut tant renommée du temps de Neron, et, par le moyen de ce gendre, mere-grand de Fannia, car la ressemblance des noms de ces hommes et femmes et de leurs fortunes en a fait mesconter plusieurs. Cette premiere Arria, Cecinna Pætus, son mary, ayant esté prins prisonnier par les gens de l'Empereur Claudius, apres la deffaicte de Scribonianus, duquel il avoit suivy le party, supplia ceux qui l'en amenoient prisonnier à Rome, de la recevoir dans leur navire, où elle leur seroit de beaucoup moins de despence et d'incommodité qu'un nombre de personnes qu'il leur faudroit pour le service de son mary, et qu'elle seule fourniroit à sa chambre, à sa cuisine et à tous autres offices. Ils l'en refuserent ; et elle, s'estant jettée dans un bateau de pécheur qu'elle loua sur le champ, le suyvit en cette sorte depuis la Sclavonie. Comme ils furent à Rome, un jour, en presence de l'Empereur, Junia, vefve de Scribonianus, s'estant accostée d'elle familierement pour la societé de leurs fortunes, elle la repoussa rudement avec ces paroles : Moy, dit-elle, que je parle à toy, ny que je t'escoute, toy au giron de laquelle Scribonianus fut tué ? et tu vis encore ! Ces paroles, avec plusieurs autres signes, firent sentir à ses parents qu'elle estoit pour se deffaire elle-mesme, impatiente de supporter la fortune de son mary. Et Thrasea, son gendre, la suppliant sur ce propos de ne se vouloir perdre et luy disant ainsi : Quoy ! si je courois pareille fortune à celle de Cæcinna, voudriez-vous que ma femme, vostre fille, en fit de mesme ? – Comment donq ? si je le voudrois ? respondit-elle : ouy, ouy, je le voudrois, si elle avoit vescu aussi longtemps et d'aussi bon accord avec toy que j'ay faict avec mon mary. Ces responces augmentoient le soing qu'on avoit d'elle et faisoient qu'on regardoit de plus pres à ses deportemens. Un jour, apres avoir dict à ceux qui la gardoient : Vous avez beau faire, vous me pouvez bien faire plus mal mourir, mais de me garder de mourir, vous ne sçauriez ; s'eslançant furieusement d'une chaire où elle estoit assise, s'alla de toute sa force chocquer la teste contre la paroy voisine ; duquel coup estant cheute de son long esvanouye et fort blessée, apres qu'on l'eut à toute peine faite revenir : Je vous disois bien, dit-elle, que si vous me refusiez quelque façon aisée de me tuer, j'en choisirois quelque autre, pour mal-aisée qu'elle fut. La fin d'une si admirable vertu fut telle : son mary Pætus n'ayant pas le cœur assez ferme de soymesme pour se donner la mort, à laquelle la cruauté de l'Empereur le rengeoit, un jour entre autres, apres avoir premierement emploié les discours et enhortements propres au conseil qu'elle luy donnoit à ce faire, elle print le poignart que son mary portoit, et le tenant trait en sa main, pour la conclusion de son exhortation : Fais ainsi, Pætus, luy dit-elle. Et en mesme instant, s'en estant donné un coup mortel dans l'estomach, et puis l'arrachant de sa playe, elle le luy presenta, finissant quant et quant sa vie avec cette noble, genereuse et immortelle parole : *Paete, non dolet.* Elle n'eust loisir que de dire ces trois paroles d'une si belle substance : Tiens, Pætus, il ne m'a point faict mal :

Casta suo gladium cum traderet Arria Pæto,
Quem de visceribus traxerat ipsa suis :
Si qua fides, vulnus quod feci, non dolet, inquit ;
Sed quod tu facies, id mihi, Pæte, dolet.

Lorsque la chaste Arria présenta à son cher Pætus
Le fer qu'elle venait de retirer de ses entrailles :
« Crois-moi, dit-elle, le coup que je viens de me porter
Ne me fait pas mal ;
C'est celui que tu vas te donner, Pætus qui me fait souffrir. »

(Martial I, 14.)

Il est bien plus vif en son naturel et d'un sens plus riche : car et la playe et la mort de son mary, et les siennes, tant s'en faut qu'elles luy poisassent ; qu'elle en avoit esté la conseillere et promotrice ; mais, ayant fait cette haute et courageuse entreprinse pour la seule commodité de son mary, elle ne regarde qu'à luy encores au dernier trait de sa vie, et à luy oster la crainte de la suivre en mourant. Pætus se frappa tout soudain, de ce mesme glaive : honteux, à mon advis, d'avoir eu besoin d'un si cher et pretieux enseignement.

19. Hippone est l'actuelle Bizerte (Tunisie).

20. L'auteur des *Vies des douze Césars.*

21. Les auteurs donnaient des lectures publiques de leurs œuvres. C'était l'équivalent des conférences d'aujourd'hui.

22. Navires à quatre rangs de rameurs superposés.

23. *Énéide,* II, 12.

24. La région des Marses se trouve dans le Latium, près du lac Fucin.

25. Les Laurentes sont situées sur la côte, près d'Ostie.

26. Lit en demi-cercle qui remplaçait les trois lits distincts où prenaient place les convives.

27. *Illiade,* I, 63 (en grec dans le texte).

28. *Iliade,* XII, 243 (en grec dans le texte).

29. Associations secrètes, d'ordinaire à caractère politique.

ACHEVÉ D'IMPRIMER
EN MARS 1997
SUR LES PRESSES DE
L'IMPRIMERIE HÉRISSEY
A ÉVREUX (EURE)

Numéro d'éditeur : 0343
Numéro d'imprimeur : 75981
Dépôt légal : avril 1997
Imprimé en France